Die Juche-Philosophie in Nordkorea

Dr. Markus Fiedler:

Die Juche-Philosophie in Nordkorea.

Eine Einführung in Entstehung und politisches Denken der nordkoreanischen Staatsideologie

Verlag Traugott Bautz

Bibliographische Information der Deutschen Bibliothek:

Die Deutsche Bibliothek verzeichnet diese Publikation in der Deutschen Nationalbiographie; detaillierte bibliographische Daten sind im Internet unter http://dnb.ddb.de abrufbar.

Bild auf dem Front Cover: Kim Il Sung und Kim Jong Il nach einer nordkoreanischen Darstellung.

Verlag Traugott Bautz GmbH
99734 Nordhausen 2018
ISBN: 978-3-95948-345-2

Inhaltsverzeichnis

Einführung... 9

I. Zur Herausbildung und Entwicklung der *Juche*-Philosophie...13

1. Die Genese der *Juche*-Idee im Widerstand gegen die japanische Kolonialmacht... 13

2. Die Gründung der beiden koreanischen Staaten.......................... 17

3. Der Koreakrieg 1950-1953... 18

3.1. Zur Kriegsschuldfrage... 18

3.2. Der Kriegsverlauf.. 21

3.3. Die Folgen des Krieges.. 23

4. Die Präsidentschaft Kim Il Sungs... 25

5. Die Ära Kim Jong Ils.. 32

6. Die DVRK unter der Führung von Kim Jong Un......................... 35

II. Die *Juche*-Philosophie als Weltanschauung einer neuen Epoche.. 36

1. Eine neue Weltanschauung für eine neue Epoche........................ 36

2. *Juche*-Studiengruppen weltweit... 41

3. Das Marxsche Verständnis von Weltanschauungen und die diesbezügliche Auffassung der Juche-Philosophie... 42

III. Zur materialistischen Basis der *Juche-Ideologie*............... 43

1. Materialismus und Dialektik... 43

2. Das Verhältnis der *Juche*-Ideologie zum Dialektischen Materialismus... 44

3. Die Dialektik nach der *Juche-Philosophie*... 46

4. Der Materialismus der *Juche-Ideologie*... 48

IV. Die anthropologische Grundlage der *Juche-Philosophie*....... 50

1. Die Bedeutung der anthropologischen Grundlegung nach dem Selbstverständnis der *Juche-Ideologie*... 50

2. Die besondere Stellung des Menschen – der Mensch als Herr über alles 51

3. Die Attribute des Menschen... 52

4. Das *Dschadschusong* als Kern der *Juche-Ideologie*... 54

V. Die Souveränität als zentraler Begriff der *Juche*-Philosophie 57

1. Die Verwirklichung der individuellen und kollektiven Souveränität...... 57

2. Die Souveränität der Nationalstaaten... 59

2.1. Die Leitprinzipien... 59

2.2. Die nationale Komponente der *Juche-Ideologie*... 64

VI. Die Gesellschafts- und Geschichtsauffassung der Juche-Philosophie.. 66

1. Die materialistische Geschichtsauffassung von Karl Marx................. 66

2. Das Wesen der Gesellschaft nach der *Juche-Philosophie*..................... 70

3. Welche Gesetze gelten in der menschlichen Gesellschaft?................. 73

4. Zur Frage der Wechselwirkung zwischen Basis und Überbau............ 75

5. Ist der Verlauf der Geschichte determiniert?................................. 80

6. Die Volksmassen sind das Subjekt der Geschichte........................ 82

7. Die Rolle der Partei der Arbeit.. 87

8. Der Führer als Gehirn der Revolution... 91

9. Die Geschichte der Menschheit ist die Geschichte des Kampfes um die Durchsetzung des *Dschadschusong*... 97

VII. Die *Songun-Ideologie*.. 98

1. Definition.. 98

2. Ursprung... 99

3. Das Wesen der Songun-Politik.. 100

4. Die *Songun*-Politik rückt in den Mittelpunkt............................... 102

VIII. Der Sozialismus.. 105

1. Der Kapitalismus kann die Probleme nicht lösen…..…………………... 105

2. Eine neue Lehre des Sozialismus…………..…..……………………… 107

3. Die Erklärung für das Scheitern des „real existierenden Sozialismus“ in Osteuropa..…………………………………..……………………… 108

Zusammenfassung……………..…………..…………………………... 112

Einführung

Die *Demokratische Volksrepublik Korea* (DVRK) oder Nordkorea, wie die DVRK in den deutschen Medien üblicherweise genannt wird, kommt durch den Streit um das Atomprogramm des Landes nicht mehr aus den Schlagzeilen. US-Präsident Donald Trump drohte dem Land vor der UN-Vollversammlung vor nicht allzu langer Zeit sogar die „totale Zerstörung“ an.[1] Inzwischen stehen die Zeichen allerdings auf Entspannung. So kam es Ende April 2018 zu einem Gipfeltreffen zwischen dem „Obersten Führer“ der DVRK, Kim Jong Un, und dem südkoreanischen Präsidenten Moon Jae. Mit Spannung wird ein Treffen zwischen Kim Jong Un und US-Präsident Trump im Mai/Juni 2018 erwartet.

Das politische System der DVRK wird in den deutschen Medien gewöhnlich als „stalinistisch“ oder „kommunistisch“ bezeichnet und in der Regel als eine völlig irrationale Diktatur eines Familienclans dargestellt.[2] Die Horrorgeschichten, die der deutschen Öffentlichkeit dabei dargeboten werden, scheinen gut verkäuflich: Die Berichte über einen skrupellosen Diktator, der den eigenen Onkel den Hunden zum Fraß vorwirft, erhöhen offenbar die Auflage. Dass die ganze Story auf einen satirischen Beitrag des chinesischen Online-Portals „Tencent Weibo“ zurückgeht[3], aber der Menschen im Westen als Realität verkauft wird, scheint dabei nicht zu stören. Jeder, der sich unvoreingenommen näher mit Nordkorea beschäftigt, muss feststellen, dass „die Quellenlage über Nordkorea trotz einer großen Anzahl von Publikationen äußerst dürftig [ist]. Speziell wenn es sich um die nordkoreanische Innenpolitik oder Wirtschaft handelt, gibt es kaum seriös zu nennende Angaben. Selbst die CIA muss immer wieder zähneknirschend zugeben, dass sie über so gut wie keine konkreten Informationen über die innerkoreanischen Verhältnisse besitzen. Viele der getroffenen Aussagen erweisen sich beim genaueren Hinsehen als reine Spekulation. Was wirklich im Land vorgeht, lässt sich oft nur schwer erahnen. Speziell wenn es um die Situation der Menschenrechte in

---

[1] Vgl. http://www.faz.net/aktuell/politik/trumps-praesidentschaft/un-rede-trump-droht-nordkorea-mit-vernichtung-15206207.html, zuletzt abgerufen am 15.4.2018

[2] Vgl. z.B. http://www.sueddeutsche.de/thema/Nordkorea

[3] https://www.npr.org/sections/thetwo-way/2014/01/06/260161106/a-macabre-storys-origins-in-a-satirical-chinese-post

Nordkorea geht…“[4] Das gilt auch im Hinblick auf Flüchtlinge, deren Schilderungen aufgrund deren „Bearbeitung“ durch den südkoreanischen Geheimdienst stets hinterfragt werden müssen, was aber in der Regel kaum geschieht. Dabei müsste es doch zu denken geben, dass es inzwischen bspw. als erwiesen gilt, dass der südkoreanische Geheimdienst Berichte, wie bspw. auch über den angeblich ausschweifenden Lebensstil Kim Jong Ils, bewusst in westliche Medien lanciert, um den „Gegner“, mit dem man sich offiziell ja noch im Kriegszustand befindet, zu diskreditieren. Zu diesem Ergebnis kommt u.a. der US-Think Tank *GlobalSecurity.org*: „Many of the stories about Kim Jong Il's eccentricities and decadent life-style were exaggerated, possibly circulated by South Korean intelligence to discredit the Northern regime.“[5] Man muss sich stets vergegenwärtigen, dass man es sich hier mit dem verschlossensten Land der Welt zu tun hat.

Die politische Ideologie, von der sich das Land leiten lässt, wird de facto überhaupt nicht zur Kenntnis genommen - und wenn, dann wird dies in der Regel belächelt, Kenntnisse darüber sind nur selten anzutreffen. Dabei ist gerade diese Weltanschauung, die *Juche (Dschutsche)*[6]-Philosophie, der Schlüssel zum Verständnis der Politik der DVRK. Wenn man sich damit etwas intensiver beschäftigt, wird man verstehen, dass die politische Führung der DVRK alles andere als irrational handelt. Es wird deutlich, dass der zentrale Begriff in der *Juche*-Ideologie der der „Souveränität“ ist, die als Grundlage der Würde betrachtet wird. Man verliert demnach seine Würde, wenn man sich einer Großmacht unterwirft. Diese Souveränität wird man um jeden Preis verteidigen, notfalls auch um den Preis der eigenen Vernichtung, denn ein Leben in Unterwerfung wird als nicht erstrebenswert angesehen.

Die *Juche*-Ideologie ist in Nordkorea allgegenwärtig. Das zeigt sich schon an einem der Wahrzeichen der Hauptstadt Pyongyang. dem 1982 (zum 70. Geburtstag Kim Il Sungs) fertiggestellten „Monument der *Juche*“. Das

---

[4] Lösch, Thomas: „Außenpolitik Nordkoreas unter besonderer Berücksichtigung der Juche-Philosophie“, S. 10. Magisterarbeit an der Universität Wien , im Internet als PDF verfügbar: http://othes.univie.ac.at/1757/1/2008-10-23_9104450.pdf

[5] *GlobalSecurity.org,* https://www.globalsecurity.org/military/world/dprk/kim-jong-il.htm , zuletzt abgerufen am 25.4.2018

[6] Das aus dem Koreanischen transkripierte „J“ wird im Deutschen „Dsch“ ausgesprochen, man spricht somit „Kim Dschong Il“, „Kim Dschong Un“ oder „Dschutsche“-Ideologie.

Monument besteht aus dem insgesamt ca. 170 Meter hohen *Juche*-Turm, auf dem eine 20 Meter hohe Fackel aus Glas-Mosaik thront. An den Seiten des Turmes wurde eine zehn Meter hohe Bronze-Skulptur und eine Gedenktafel errichtet.

Im Jahr 1997 - drei Jahre nach dem Tod Kim Il Sungs - wurde in der DVRK die *Juche*-Zeitrechnung eingeführt. Die Jahreszählung beginnt mit dem Jahr der Geburt Kim Il Sungs. Demnach ist das Jahr 1912 das Jahr „*Juche* 1".

Ziel dieses Buches ist es, dem interessierten Leser (bzw. der Leserin) einen Einblick in die Gedankenwelt der *Juche*-Ideologie zu liefern, die es ihm (bzw. ihr) ermöglicht, diese Weltanschauung und die sich daraus ergebende Handlungsweise der Führung besser zu verstehen. Handelt es sich um eine „kommunistische" oder gar „stalinistische" Weltanschauung, haben wir es mit einer Weiterentwicklung des Marxismus-Leninismus oder mit etwas vollkommen Neuen zu tun? Nimmt die Führung diese Ideologie ernst oder dient sie ihr lediglich zur Rechtfertigung der Herrschaft einer Familiendynastie? Das sind nur einige Fragen, auf die im vorliegenden Buch eine Antwort versucht wird.

In diesem Buch wird die Staatsideologie der DVRK aus nordkoreanischen Primärquellen dargestellt. Diese Quellen sind ausreichend in deutscher Sprache vorhanden, sodass man nicht Koreanisch sprechen muss, um sich über die *Juche*-Philosophie zu informieren. Diese Quellen sind aber deutschen Interessierten, die keinen Kontakt zu nordkoreanischen Diplomaten oder zur Botschaft der DVRK haben, kaum zugänglich. Es fehlt auch bisher eine verständliche Einführung über die *Juche*-Philosophie in deutscher Sprache.

Durch meine Arbeit für eine Botschaft lernte ich vor einigen Jahren den nordkoreanischen Botschaftsrat Kyong Hak Min kennen, auf einem diplomatischen Empfang auch den früheren Botschafter der DVRK, Herrn Ri Si Hong, der mir eine Werkausgabe der Werke Kim Il Sungs, die *Ausgewählten Werke* Kim Jong Ils und zahlreiche Einzelschriften in deutscher Sprache schenkte. Das Thema begann mich noch mehr zu fesseln und ich beschäftigte mich intensiver mit der koreanischen Geschichte. Während meines Philosophiestudiums hatte ich mich schon seit Längerem mit dem Dialektischen und Historischen Materialismus von Marx und Engels auseinandergesetzt. Mich interessierte v.a. auch die Frage, ob die *Juche*-

Ideologie als marxistisch bezeichnet werden kann und welche Unterschiede es gibt. So reifte mein Entschluss, ein Buch über die *Juche*-Philosophie zu schreiben. In zahlreichen Gesprächen mit Herrn Kyong Hak Min und dem Botschaftsrat Kim Hak konnten viele Fragen beantwortet und einiges verdeutlicht werden. Den genannten Herren möchte ich hiermit meinen Dank aussprechen.

Da ich darauf setze, dass die Leserinnen und Leser eines Werks über eine politische Ideologie in der Lage sind, sich ein eigenes Urteil zu bilden, und nicht von mir bevormundet werden müssen, habe ich mich dazu entschlossen, die *Juche*-Philosophie weitgehend unkommentiert darzustellen. Da weiterhin den meisten Leserinnen und Lesern wohl die Originalschriften Kim Il Sungs und Kim Jong Ils nicht zugänglich sein dürften, sollen hier auch die beiden wichtigsten Theoretiker der *Juche*-Philosophie etwas ausführlicher in Zitaten zu Wort kommen.

Ist die *Juche*-Ideologie eine Weiterentwicklung des Marxismus-Leninismus, eine Übertragung des Marxismus auf die koreanischen Verhältnisse oder eine vollständig neue Ideologie? Kann man sie als „sozialistisch", „kommunistisch" oder „stalinistisch" bezeichnen?

Um diese Fragen zu beantworten, ist zunächst im ersten Teil die Entstehung und Entwicklung der *Juche*-Philosophie zu untersuchen. Dabei wird den Leserinnen und Lesern auch ein Einblick in die jüngere koreanische Geschichte und in die Biographie der relevanten Personen gewährt, um diese Prozesse verstehen zu können. Es wird aufgezeigt, in welcher historischen Situation Koreas sich die *Juche*-Ideologie herausbildete und welchen Herausforderungen sich Korea damals und heute gegenübersieht. Die zentrale Frage, auf die der erste Teil eine Antwort geben soll, lautet: Ist die Entstehung der *Juche*-Ideologie aufgrund der koreanischen Geschichte und den dabei gemachten Erfahrungen verständlich und daher ernst zu nehmen?

Im zweiten Teil wird zunächst das Verständnis der *Juche*-Philosophie von Weltanschauungen sowie ihr Anspruch und ihre Selbsteinschätzung behandelt. Danach wird im dritten Teil der Dialektische Materialismus dem Verständnis der *Juche*-Philosophie von Materialismus und Dialektik gegenübergestellt, um die Unterschiede zum Marxismus-Leninismus zu verdeutlichen. Im vierten Teil wird das Menschenbild der *Juche*-Philosophie behandelt, das nach dem

Selbstverständnis der *Juche*-Ideologie den Kern dieser Weltanschauung ausmacht.

Die Souveränität als zentraler Begriff der *Juche*-Ideologie wird im fünften Teil behandelt. Anschließend wird im sechsten Teil die *Juche*-Gesellschafts- und Geschichtsauffassung diskutiert und der materialistischen Geschichtsauffassung von Karl Marx gegenübergestellt. Im siebten Kapitel wird die *Songun*-Politik näher beleuchtet. Die Theorie der *Juche*-Philosophie vom Sozialismus wird im achten Kapitel dargelegt. Von besonderem Interesse erscheint hier die Frage, wie dabei das Scheitern des sogenannten real existierenden Sozialismus im Ostblock erklärt wird. Die Ergebnisse werden abschließend zusammengefasst.

I. Zur Herausbildung und Entwicklung der *Juche*-Philosophie

1. Die Genese der *Juche*-Idee im Widerstand gegen die japanische Kolonialmacht

Der Begründer der *Juche*-Philosophie ist Kim Il Sung (1912-1994), der Staatsgründer und Präsident der *Demokratischen Volksrepublik Korea* (DVRK) bzw. Nordkoreas (bis zum heutigen Tag, denn er wurde zum „ewigen Präsidenten“ ernannt). Dieser charismatische Politiker wurde im antijapanischen Widerstand bekannt und stieg nach dem Abzug der Japaner zum politischen Führer Nordkoreas auf.

Korea wurde im Jahr 1905 zu einem japanischen Protektorat, im Jahr 1910 erfolgte die vollständige Eingliederung (unter dem Namen *Chösen*) in das Kaiserreich Japan. Gegen die unterdrückerische japanische Kolonialpolitik formierte sich der politische und militärische Widerstand der Koreaner. Der junge Kim Il Sung hat nach offiziellen Angaben 1927 einen antijapanischen Jugendverband gegründet und sich 1929 dem antijapanischen Befreiungskampf angeschlossen.[7] Die Grundzüge der *Juche*-Philosophie wurden nach offizieller nordkoreanischer Darstellung von Kim Il Sung bereits 1930 in einer Rede auf

[7] Vgl. Institut für Parteigeschichte beim ZK der PdAK: Kurze Geschichte der revolutionären Tätigkeit des Genossen Kim Ir Sen“, S. 14 ff.

einer Konferenz leitender Kader des kommunistischen und antiimperialistischen Jugendverbands in Kalun, im Nordosten Chinas, dargelegt. Kim Jong Il zufolge war dies die Geburtsstunde der *Juche*-Philosophie: „Im Kampf gegen die starrsinnigen Nationalisten, Pseudomarxisten, Kriecher und Dogmatiker, für einen neuen revolutionären Weg entdeckte er die Wahrheit der *Juche*-Ideologie, beleuchtete deren Prinzipien auf der Konferenz der leitenden Funktionäre des Kommunistischen und des Antiimperialistischen Jugendverbandes, die im Juni 1930 in Kalun stattfand, und legte die *Juche*-Linie der koreanischen Revolution dar. Das war ein historisches Ereignis, der Zeitpunkt der Geburt der *Juche*-Ideologie und der revolutionären *Juche*-Linie."[8]

Kim Il Sung stellte in dieser Rede, die in der Ausgabe seiner Werke veröffentlicht worden ist[9], die koreanische Revolution als eine notwendigerweise antiimperialistische dar, die die Befreiung des Landes von den fremden Invasoren und danach den Aufbau des Sozialismus in die Wege leiten müsse. Dabei machte er die revolutionäre *Juche*-Linie wie folgt deutlich: „Wer sollte also die Unabhängigkeit für Korea erringen? Es ist absolut unmöglich, die Unabhängigkeit mit ausländischer Hilfe zu erringen ... Der einzige Weg für uns Koreaner ist, die japanischen Imperialisten mit unserer eigenen Kraft zu bekämpfen und zu besiegen."[10] Kim Il Sung betonte demnach den Kampf für die nationale Selbständigkeit bzw. die Souveränität des Landes, das Vertrauen auf die eigene Kraft und die Bewahrung der Unabhängigkeit in diesem Kampf, weshalb die Rede „von den konsequenten Ideen des *Juche* durchdrungen war."[11] Auf dieser Konferenz stellte er weiterhin ein Programm zur Bildung einer Kommunistischen Partei Koreas auf, wobei er die Notwendigkeit der sorgfältigen organisatorischen und ideologischen Vorbereitung betonte. Dabei sollten die spezifischen Bedingungen Koreas berücksichtigt und der Marxismus-Leninismus schöpferisch auf die Situation in

[8] Kim Jong Il: Über die Juche-Ideologie, Pyongyang 2002, S. 16

[9] Vgl. Kim Il Sung: „Der Weg der koreanischen Revolution", in: Kim Il Sung Werke, Bd. 1, Pyongyang 1980, S. 1 ff.

[10] Kim Il Sung zitiert nach „Kurze Geschichte der revolutionären Tätigkeit des Genossen Kim Ir Sen", hg. vom Institut für Parteigeschichte beim ZK der *Partei der Arbeit Koreas* 1971, S. 28

[11] Vgl. ebenda

Korea angewandt werden.[12] Dies war nach der Parteigeschichte der *Partei der Arbeit Koreas* (PdAK) eine „das *Juche* begründende Linie für die koreanische Revolution."[13]

In seinen Erinnerungen „Mit dem Jahrhundert", Band 2, beschrieb Kim Il Sung diese Zeit als „Tage der Suche nach einem neuen Weg".[14] Seine Überlegungen in der damaligen Situation, in der Zeit der Konferenz von Kalun, die zur Genese der *Juche*-Philosophie führten, schildert er selbst in seinen besagten Erinnerungen wie folgt: „Ich gelangte zu dem Entschluss, im Interesse der Erarbeitung einer der koreanischen Wirklichkeit entsprechenden Führungstheorie alle Probleme im eigenständigen Denken gemäß der Realität und auf eigenschöpferische Weise zu lösen, statt die Klassiker oder die Erfahrungen anderer Länder zu verabsolutieren. Deshalb war es nicht gestattet, die Erfahrungen der Oktoberrevolution und dergleichen unkritisch zu übernehmen, die Hände in den Schoß zu legen und dabei zu glauben, dass die Komintern irgendein Rezept liefern würde. ‚Wir haben uns nur auf die Kraft der Volksmassen zu verlassen. Wir müssen auf die Kräfte unseres 20-Millionen-Volkes vertrauen und sie als ein Ganzes zusammenschließen und den blutigen Kampf gegen die japanischen Imperialisten führen.' Mein Herz schrie immer wieder diese Losung. Geleitet von diesem Trieb, bemühte ich mich, den Bericht Satz für Satz mit dem Gedankengut zu füllen, das wir heute die *Juche*-Ideologie nennen."[15] Es gilt demnach, etwas aus eigener Kraft zu schaffen, ohne sich dabei auf andere zu verlassen - und nicht blindlings etwas zu kopieren, was unter anderen Verhältnissen entstanden ist und was nicht in die Realität eines anderen Landes gepresst werden kann.

Am 25.4.1932 gründete Kim Il Sung die „Antijapanische Partisanenarmee", die „für die nationale Unabhängigkeit und soziale Befreiung des koreanischen Volkes"[16] focht. Dieses Datum gilt heute in der DVRK als der „Beginn der Führung der *Songun*-Revolution … durch Kim Il Sung."[17].

---

[12] Vgl. ebenda, S. 30 f.

[13] Ebenda, S. 31

[14] Kim Il Sung, Mit dem Jahrhundert, Band 2, Pyongyang 1992, S. 3

[15] Ebenda, S. 51

[16] Kim Il Sung, zitiert nach: Kurze Geschichte der revolutionären Tätigkeit des Genossen Kim Ir Sen 1971, S. 39

[17] http://www.naenara.com.kp/de/politics/?songun

Im März 1934 folgte die Bildung der „Revolutionären Volksarmee". Mitte der 30er Jahre des 20. Jahrhunderts war Kim Il Sung um die Bildung einer antijapanischen nationalen Einheitsfront bemüht. Am 5.5.1936 gründete er die „Liga für die Wiedergeburt des Vaterlandes" als eine nationale Einheitsfront im Kampf gegen die Japaner, in der die Kommunisten die führende Rolle übernahmen, wobei er ein „Zehn-Punkte-Programm" feststellte.[18] Kim Il Sung führte die Hauptkräfte der *Revolutionären Volksarmee* 1937 in die legendäre „Schlacht von Potschonbo", in der die Partisanen einen Erfolg gegen die japanischen Besatzer erzielen konnten.

Als die militärische Niederlage Japans 1945 besiegelt war, gab Kim Il Sung am 9.8.1945 der *Revolutionären Volksarmee* den Befehl, an der Seite der Sowjetarmee die verbliebenen japanischen Einheiten in Korea zu zerschlagen. Vorher hatte die *Rote Armee* die japanische Armee im von Japan errichteten „Kaiserreich Mandschukuo" überrannt und war bis an die Grenze Koreas vorgestoßen. Die sowjetischen Truppen rückten in Korea aufgrund einer Übereinkunft zwischen den USA und der Sowjetunion auf der Konferenz von Jalta 1943 jedoch nur bis zum 38. Breitengrad vor. Das Land wurde entlang des besagten Breitengrades in eine sowjetische und eine US-Besatzungszone geteilt: Während die Kapitulation der japanischen Truppen nördlich dieses Breitengrades von sowjetischen Truppen entgegengenommen werden sollte, übernahm dies südlich des 38. Breitengrads die US-Armee. Es war vereinbart worden, dass gesamtkoreanische Wahlen stattfinden sollten und das Land unabhängig werden sollte. Der aufkeimende Kalte Krieg ließ jedoch in den USA Befürchtungen über eine weitere Ausbreitung des Kommunismus wachsen. Wie Ho Chi Minh in Vietnam wohl die Wahlen zu dieser Zeit in ganz Vietnam gewonnen hätte, so war auch zu befürchten, dass Kim Il Sung die gesamtkoreanischen Wahlen gewinnen könnte. Daher entschied man sich dazu, im besetzten Teil des Landes eine politisch genehme Regierung einzusetzen.

---

[18] Vgl. Institut für Parteigeschichte beim ZK der PdAK: Kurze Geschichte der revolutionären Tätigkeit des Genossen Kim Ir Sen 1971, S. 75

2. Die Gründung der beiden koreanischen Staaten

In der amerikanischen Besatzungszone wurden dem aus dem US-Exil heimgekehrten Syngman Rhee (geschrieben auch Rhee Syng-man, 1875-1965), der als zuverlässiger Antikommunist galt, die Regierungsgewalt übertragen.

Noch vor den Wahlen im Mai 1948 kam es im April des Jahres im Süden zum *Jeju*-Massaker, bei dem auf der Insel *Jeju* - vor den Augen der US-Militärregierung - zwischen 30000 und 60000 Menschen (ein Großteil der Inselbewohner) als angebliche Kommunisten getötet wurden.[19] Erst der südkoreanische Präsident und Friedensnobelpreisträger Kim Dae-jung setzte 1999 eine Untersuchungskommission ein, die die Regierungsseite schwer belastete.[20] Aus den am 10. Mai 1948 stattgefundenen umstrittenen separaten Wahlen im Süden Koreas ging Syngman Rhee als Sieger hervor. Da er mit Unterstützung japanischer Kollaborateure herrschte und politische Gegner, v.a. diejenigen, die als Linke galten, rücksichtslos verfolgte und liquidierte, war er im Süden alles andere als beliebt. Auch im Westen wird er heute als Diktator bezeichnet. Rhee proklamierte am 15.8.1948 die „Republik Korea", wobei er jedoch einen gesamtkoreanischen Anspruch erhob. Er plädierte bereits am Anfang seiner Regierungszeit für eine gewaltsam durchgeführte Vereinigung des Landes.[21]

Als Reaktion auf die Proklamation der „Republik Korea" im Süden des Landes rief Kim Il Sung am 9. September 1948 die „Demokratische Volksrepublik Korea" (DVRK) aus. Damit war die Teilung Koreas vollzogen. Sowohl die Regierung im Norden als auch die im Süden erhoben allerdings einen gesamtkoreanischen Anspruch und waren gewillt, die Wiedervereinigung unter allen Umständen zu erreichen. In der DVRK wurde Kim Il Sung zum Vorsitzenden des Ministerrats gewählt. Nachdem im Jahr 1948 der größte Teil der sowjetischen und amerikanischen Besatzungstruppen abgezogen war, verblieben in der DVRK und in der Republik Korea nur noch einige Hundert

---

[19] Vgl. Christian Schmidt-Häuer: *"Tötet alle, verbrennt alles!"* In: *Onlinepublikation der Wochenzeitung Die Zeit.* 23. Mai 2002, zuletzt abgerufen am 16. November 2017. http://www.zeit.de/2002/22/Toetet_alle_verbrennt_alles_

[20] Vgl. ebenda

[21] Vgl. Mansur Khan, Die geheime Geschichte der amerikanischen Kriege 2001, S. 249

sowjetische und amerikanische Militärberater. Auch aufgrund der brutalen Unterdrückung im Süden bildeten sich dort Guerillaeinheiten, die Anfang der 50er Jahre immer mehr militärische Aktionen durchführten.

3. Der Koreakrieg 1950-1953

3.1. Zur Kriegsschuldfrage

Wenn heute in den westlichen Medien über den Koreakrieg berichtet wird, so scheint es keinen Zweifel an der Alleinschuld des Nordens zu geben. Nach dieser offiziellen Version überschritt die nordkoreanische Infanterie am 25.6.1950 völlig überraschend die Demarkationslinie nach einem vorausgegangenen Trommelfeuer der Artillerie. Dagegen hatte das Innenministerium der DVRK am Morgen dieses Tages eine Art Kriegserklärung an den Süden übermittelt, in der es hieß, dass die Kämpfe durch einen „unprovozierten Angriff“ des Südens ausgelöst worden seien.[22] Was entspricht der Wahrheit bzw. was können wir wissen?

Noch am 25.6. legten die USA im UN-Sicherheitsrat eine Resolution vor, die die DVRK einer „unprovozierten Aggression“ beschuldigte. Die Sowjetunion boykottierte zu dieser Zeit die UNO aus Protest gegen die Nichtaufnahme der 1949 ausgerufenen VR China, weshalb die sowjetischen Vertreter zu dieser Zeit nicht im UNO-Sicherheitsrat anwesend waren und keinen Gebrauch von ihrem Vetorecht machen konnten. Dennoch gab es im Sicherheitsrat Widerstand von Seiten einiger Staaten wie Jugoslawien und Ägypten. So forderte Ägypten, die Bezeichnung „unprovoziert“ aus der Resolution zu entfernen, da die ständigen Gefechte am 38. Breitengrad bekannt waren.[23] Die Vereinigten Staaten konnten die Resolution allerdings mit den Stimmen der westlichen Staaten, dem Nicaragua Somozas und dem Kuba Batistas durchsetzen. Sicherlich gibt es Berichte, nach denen Kim Il Sung Anfang 1949 versucht haben soll, Stalin dazu zu überreden, ihn bei einer militärischen Wiedervereinigung Unterstützung zu gewähren, wobei jedoch die Glaubwürdigkeit zweifelhaft

---

[22] Vgl. Kindermann, Der Aufstieg Koreas in der Weltpolitik 2005, S. 101
[23] Vgl. Khan, Die geheime Geschichte der amerikanischen Kriege 2001, S. 249

bleibt.[24] Wenn es sich um einen von Stalin und Kim Il Sung geplanten Krieg gehandelt hätte, stellt sich allerdings die Frage, warum dafür ein Zeitpunkt gewählt wurde, an dem die Sowjetunion in einer entscheidenden Sicherheitsratssitzung, die den Weg für eine UN-Intervention freimachte und ein direktes Eingreifen der USA in den Krieg ermöglichte, nicht anwesend war, wodurch dies hätte vermieden oder zumindest erschwert werden können. Die Resolution stellt im Übrigen eine Verletzung der UN-Charta dar, da bei einer Resolution zu Sachfragen alle ständigen Mitglieder des Sicherheitsrates zustimmen müssen, weshalb man sie durchaus als illegal bezeichnen kann.[25] Statt dessen drängt sich hier der Verdacht auf ein politisches Manöver, das die Abwesenheit der UdSSR im Sicherheit ausnutzte, auf. Dazu passt, dass der damalige Berater im State Department, J.F. Dulles, am 19. Juni 1950 in der südkoreanischen Nationalversammlung zur bewaffneten Intervention gegen Nordkorea aufrief und an der Demarkationslinie am 38. Breitengrad in Anwesenheit der UNO-Kommission die Stellungen der südkoreanischen Armee besichtigte.[26] Deshalb wird auch die These vertreten, dass ein nordkoreanischer Angriff provoziert werden sollte, um danach das Eingreifen der US-Armee zu ermöglichen.[27] Für die These spricht, dass wenige Tage vor dem Ausbruch des Krieges US-Verteidigungsminister Johnson und Generalstabschef Bradley in Tokio weilten, während Dulles Korea besuchte. Die *New York Times* sprach im Hinblick auf die Treffen in Tokio von „in geheimnisvoller Atmosphäre erfolgten Besprechungen“[28] Weiterhin erfolgten US-Bombenangriffe auf den Norden bereits einen Tag nach Kriegsbeginn, deren Verlauf auf eine geplante Aktion hinweist.[29]

Weiterhin muss man konstatieren, dass auch auf südkoreanischer Seite der Wille vorhanden war, das koreanische Vaterland zu vereinen und den Norden zu „befreien“. Nach den Angaben des Journalisten Coe Jae Il äußerte sich der südkoreanische Präsident Syngman Rhee wie folgt: „Wir müssen die Separation Koreas beenden, bevor die chinesischen Kommunisten ihre Macht

---

[24] Payne, Robert: Roter Sturm über Asien, Salzburg, o.J. Seite 99

[25] Vgl. Khan, Die geheime Geschichte der amerikanischen Kriege, S. 261

[26] Vgl. Pews, H.-U., Korea, Land der Morgenfrische 1987, Seite 82

[27] Vgl. Khan, Die geheime Geschichte der amerikanischen Kriege 2001, S. 248 ff.

[28] New York Times vom 20.6.1950, zitiert nach Khan, Die geheime Geschichte der amerikanischen Kriege 2001, S. 244

[29] Vgl. Khan, Die geheime Geschichte der amerikanischen Kriege 2001, S. 249

konsolidiert haben. Falls nicht, wird der internationale Kommunismus im Kalten Krieg die Oberherrschaft erlangen.“[30] Man kann mit ziemlicher Sicherheit davon ausgehen, dass Syngman Rhee für seine militärischen Angriffspläne die Unterstützung der USA suchte.[31] Am 24. August 1948 äußerte sich Rhee während eines Besuchs in Washington wie folgt: „Der Marsch nach dem Norden ist die wichtigste Aufgabe.“[32]

Die Zahl der von beiden Seiten ausgehenden Grenzzwischenfälle stieg in den zwei Jahren vor Ausbruch des Krieges gewaltig an, wie aus einem Bericht der Vereinten Nationen hervorgeht. Demnach kamen in diesen beiden Jahren etwa 18000 Menschen bei Grenz- und Partisanenkämpfen ums Leben.[33] Somit ist die damalige Position Ägyptens im Sicherheitsrat, dass Grenzzwischenfälle auf der koreanischen Halbinsel de facto an der Tagesordnung waren, wohl hinreichend belegt. Man kann daher auch kaum glaubhaft von einem „überraschenden Angriff“ des Nordens sprechen. Man muss sich immer auch verdeutlichen, dass die USA bis 1949 allein im Besitz von Atomwaffen waren und daher eine konventionelle Aufrüstung des Südens für zweitrangig hielten, was die Unterlegenheit des Südens im militärischen Bereich erklärt.

Am 26.6.1950 meldeten namhafte westliche Zeitungen wie etwa der *Guardian,* die *New York Herald Tribune* und die *New York Times*, dass südkoreanische Truppen die Demarkationslinie überschritten hätten, in den Norden eingedrungen und die nordkoreanische Stadt *Haeju* erobert hätten. So kann man noch heute im Internet im Archiv des „Guardian“ u.a. Folgendes lesen: „American officials confirmed that the Southern troops had captured Haeju, five miles inside North Korea, near the west coast, which the Northern troops had apparently left lightly defended.“[34] Am wahrscheinlichsten ist hier eine Eskalation eines lange schwelenden Grenzkonflikts, ausgelöst durch die südkoreanische Eroberung der Stadt Haeju. Dies wirft natürlich auf die Kriegsschuldfrage ein etwas anderes Licht. Man muss sich bei einer objektiven

[30] Syngman Rhee, zitiert nach: Lösch, Thomas: Außenpolitik Nordkoreas unter besonderer Berücksichtigung der Juche-Ideologie 2008, als PDF im Internet verfügbar unter: http://othes.univie.ac.at/1757/1/2008-10-23_9104450.pdf , S. 20

[31] Vgl. ebenda, S. 19 ff.

[32] Syngman Rhee; zitiert nach Khan, Die geheime Geschichte der amerikanischen Kriege 2001, S. 249

[33] Payne, Robert: Roter Sturm über Asien, Salzburg, o.J., Seite 101

[34] Vgl. www.guardian.co.uk/world/1950/jun/26/northkorea

Betrachtung der Kriegsschuldfrage natürlich stets darüber im Klaren sein, dass hier kein „böses" diktatorisches System im Norden einem „demokratischen" im Süden gegenüberstand. Das Regime im Süden war zu diesem Zeitpunkt bei der dortigen Bevölkerung höchst unpopulär, es gibt zahlreiche Berichte darüber, dass die nordkoreanischen Truppen in den ersten Kriegstagen als Befreier begrüßt wurden.[35]

Man sollte sich auch vor Augen halten, dass Mao erst kurz zuvor 1949 die VR China ausgerufen hatte und sein Rivale Chiang Kai-shek (1887-1975), der sich mit seinen restlichen Verbänden auf die Insel Taiwan geflüchtet hatte, noch auf amerikanische Hilfe baute, um siegreich auf das Festland zurückkehren zu können. In der UNO erkannten die USA weiterhin das Nationalchina Chiang Kai-sheks als eigentliches China an. Es gab daher durchaus Pläne, wie man über Korea nach China gelangen kann, um dort das Blatt zu wenden. So ist in diesem Zusammenhang bekannt, dass General Mac Arthur eine Offensive auf chinesisches Territorium und den Einsatz von Atomwaffen gegen China forderte.[36] Es sei an dieser Stelle noch einmal darauf hingewiesen, dass die USA zu diesem Zeitpunkt immerhin noch die einzige Nuklearmacht waren.

3.2. Der Kriegsverlauf

Die südkoreanischen Streitkräfte konnten der nordkoreanischen Offensive nicht standhalten und brachen innerhalb weniger Wochen zusammen. Bereits am 28.6.1950 konnte Seoul erobert werden, bis September kontrollierte die nordkoreanische KVA (Koreanische Volksarmee) fast die gesamte koreanische Halbinsel, mit der Ausnahme eines Gebiets um die Hafenstadt Busan.

In einer groß angelegten amphibischen Operation landeten US-Truppen im September 1950 in Inchon nahe der südkoreanischen Hauptstadt Seoul, wodurch die Einheiten der KVA im Süden von ihrem Nachschub abgeschnitten wurden und aufgerieben werden konnten. Die nordkoreanischen Soldaten, die der Gefangennahme oder dem Tod entgehen konnten, schlossen sich den bereits im Süden vorhandenen Guerillaeinheiten an. In Verletzung der UN-

[35] Vgl. Khan, Die geheime Geschichte der amerikanischen Kriege, S. 262
[36] Vgl. ebenda, S. 257

Resolution, die lediglich von der Wiederherstellung der staatlichen Souveränität des Südens spricht und damit höchstens die Vertreibung der nordkoreanischen Truppen aus dem Süden deckte, überschritten die US-Truppen den 38. Breitengrad, eroberten große Teile der DVRK und drangen Ende 1950 bis zur chinesischen Grenze vor.

Die US-Truppen (symbolisch mit einigen anderen verstärkt) rückten schnell vor und näherten sich nach einigen Wochen der chinesischen Grenze, wobei nicht mit einem Eingreifen Chinas, das man kurz nach dem Bürgerkrieg als noch zu schwach wähnte, gerechnet wurde. Dies erwies sich jedoch als verhängnisvoller Irrtum. Mao Tse-Tung hatte unbemerkt ca. 200000 „Freiwillige“ (nicht die offizielle *Volksbefreiungsarmee*) nach Korea gesandt. Dieser Freiwilligenarmee gelang Ende Oktober 1950 die Vernichtung der rechten Flanke der 8. US-Armee. Völlig unbemerkt gelang es, weitere etwa 500000 „Freiwillige“ nach Korea zu bringen, die die US-Armee in mehreren Schlachten schlugen. Die 8. US-Armee zog sich danach wieder auf den 38. Breitengrad zurück. Bei ihrer Offensive im Januar 1951 eroberten chinesische und nordkoreanischen Truppen im Januar des Jahres 1951 erneut die südkoreanische Hauptstadt Seoul. General Mac Arthur forderte nun den Abwurf von 34 Atombomben auf China, was zwar erwogen, aber letztlich nicht ausgeführt wurde.[37] Bei einer Gegenoffensive konnte die US-Armee Seoul im März 1951 wieder zurückerobern. Nach diesem hin und her ging der Krieg nach der Schlacht von *Heartbreake Ridge* langsam in einen Stellungskrieg über. Nun begannen die groß angelegten Flächenbombardierungen Nordkoreas durch die US-Luftwaffe. Der Krieg gegen den Norden nahm das Ausmaß eines Vernichtungskrieges an. Bei den Flächenbombardements wurden mehr Bomben auf das nordkoreanische Staatsgebiet abgeworfen als im gesamten 2. Weltkrieg. Dabei wurde auch flächendeckend Napalm verwendet. Nach General E.F. Bullene, dem Befehlshaber des US-Korps für chemische Kriegsführung, wurden 1951 in Korea durchschnittlich jeden Tag 265000 Liter Napalm eingesetzt.[38] Große landwirtschaftliche Nutzflächen sind in der Folge bis heute unbrauchbar. Weiterhin ist auch der Einsatz bakteriologischer Waffen belegt.

---

[37] Vgl. „Stalins unerklärter Krieg“, in Frankfurter Allgemeine Zeitung“ vom 18.7.2006 Online

http://www.faz.net/aktuell/feuilleton/politik/stalins-unerklaerter-krieg-1359099-p2.html

[38] Vgl. Tevres, Jens: „Hände weg von Nordkorea!“, in: Ketzerbriefe Nr. 115, Freiburg 2003, S. 16

So wiesen die beiden kanadischen Wissenschaftler Stephen Endicott und Edward Hagerman u.a. den Einsatz von Milzbrand- und Pesterregern nach.[39] General Mac Arthur, der US-Oberfehlshaber in Korea, plante den Abwurf von ca. 50 Atombomben im Norden und die Bildung eines radioaktiven Gürtels an der Grenze zur VR China.[40]

Beide Seiten erkannten die Notwendigkeit von Verhandlungen und so wurde am 27. Juli 1953 in Panmunjeom ein Waffenstillstand geschlossen. In diesem Waffenstillstand wurde der 38. Breitengrad als Grenze zwischen Nord- und Südkorea bestätigt und eine vier Kilometer breite demilitarisierte Zone entlang der Grenze festgelegt. Die Einhaltung des Waffenstillstandes sollte durch eine internationale Waffenstillstandskommission überwacht werden. Bis heute befinden sich die beiden koreanischen Staaten allerdings offiziell noch im Kriegszustand miteinander; es gibt nach wie vor keinen Friedensvertrag. Die US-Truppen in Südkorea agieren offiziell als UN-Truppen.

3.3. Die Folgen des Krieges

Die DVRK hatte durch den Krieg zwischen 1950-1953 bis zu 10 % ihrer Bevölkerung verloren[41], 18 der 22 großen Städte waren völlig dem Erdboden gleichgemacht, die Infrastruktur des Landes sowie die landwirtschaftlichen Nutzflächen beinahe vollständig zerstört. Es gab zahlreiche Massaker im Krieg. Das wohl bekannteste ist das Massaker der US-Armee an Zivilisten in *Nogeun-ri*. Durch Pablo Picassos 1951 gemaltes Bild *Massaker in Korea* wurde das *Sinchon-Massaker* auch im Westen bekannt. In der Provinz Sinchon wurden 1950 nach Angaben aus der DVRK über 35000 Zivilisten durch die US-Armee

---

[39] Vgl. Endicott/Hagerman, The United States and Biological Warfare, Indiana University Press 1998

[40] Vgl. Tevres, Jens: „Hände weg von Nordkorea!“, in: Ketzerbriefe Nr. 115, Freiburg 2003, S. 16

[41] Die Schätzungen variieren stark. US-General Curtis LeMay führte dazu aus: „We killed off – what – twenty percent of the population of North Korea“, zitiert nach: Brian Willson, Korea, like Vietnam. A war originated and maintained by deceit, www.brianwillson.com

und südkoreanische Unterstützer ermordet.[42] Nachdem die UNO im Jahr 2014 eine Resolution über Menschenrechtsverletzungen in Nordkorea verabschiedete, besuchte Kim Jong Un demonstrativ das Museum von *Sinchon*, um auf die nach seiner Auffassung doppelte Moral der USA aufmerksam zu machen. Durch seine Äußerungen vor Ort machte er Schlagzeilen: „Die US-Armee besteht aus Kannibalen"[43] Obwohl die Beweislage wie im Fall von *Nogeun-ri* eindeutig ist und selbst die südkoreanische „Wahrheitskommission" („Truth and Reconciliation Commission") in ihrem Schlussbericht 2010 diese Massaker aufarbeitete, stritten die verschiedenen US-Regierung dies bis heute ab.[44] Bei jeder unvoreingenommenen Analyse wird man nach der Faktenlage konstatieren müssen, dass die zahlreichen und umfangreichen Massaker in diesem Krieg durch das Regime von Rhee und durch die US-Armee[45] vorgenommen wurden. Im Süden fielen der antikommunistischen Hysterie Hunderttausende zum Opfer. Das im Sommer 1950 vom Regime Syngman Rhees in und um Taejon durchgeführte *Bodo-League-Massaker* (zumeist an unbeteiligten Zivilisten) nahm selbst nach dem Wikepedia-Eintrag „genozidähnliche" Ausmaße an.[46] Die Schätzungen dabei variieren stark: „1949, noch vor Ausbruch des Krieges, saßen 30.000 Kommunisten in den Kerkern von Syngman Rhee; 300.000 angebliche Sympathisanten, aber auch Gewerkschafter, antijapanische Nationalisten und Sozialisten wurden im Rahmen einer als «Reeducation-Bewegung» getarnten Zwangsorganisation namens *Bodo League* zusammengefasst. Am 27. Juni ordnete Syngman Rhee die Massenexekution der Mitglieder von *Bodo League* und der Südkoreanischen Arbeiterpartei an. Sie ging als Bodo-League-Massaker in die Geschichtsbücher ein. Die Schätzungen über die Zahl der Zivilisten, die im Rahmen des Bodo-League-Massakers massakriert wurden, variieren zwischen

---

[42] www.t-online.de/nachrichten/ausland/krisen/id_71916228/kim-jong-un-teilt-aus-us-armee-besteht-aus-kannibalen-.html

[43] Ebenda

[44] „Seoul probes civilian ‚massacres by US" (Memento vom 29. August 2014 im *Internet Archive*) von Hanley, Charles J.; Jae-Soon Chang, auf Truth and Reconciliation Commission, Republic of Korea, vom 4. April 2008, zuletzt abgerufen am 3. Januar 2018.

[45] „The Truth and Reconciliation Commission of Korea: Uncovering the Hidden Korean War" von Kim Dong-choon, in *Truth and Reconciliation Commission*, 5. März 2010, zuletzt abgerufen am 3. Januar 2018

[46] Vgl. https://de.wikipedia.org/wiki/Massaker_in_S%C3%BCdkorea

100.000 und 1,2 Millionen.“[47] Das Bodo-League war auch nicht das einzige größere Massaker im Süden im Korea-Krieg. Erwähnt werden sollten in diesem Zusammenhang noch das *Ganghwa-Massaker* 1951 und das *Namyangju-Massaker* 1950–1951.

Die Aufarbeitung dieser Massaker ist bis heute in Südkorea nur unzureichend erfolgt. Erst im Jahr 2005 wurde im Süden die *Truth and Reconciliation Commission* eingesetzt, die in einem Zwischenbericht schwerste Verbrechen an Zivilisten und Menschenrechtsverletzungen feststellte.[48] Bis heute ist davon aber von diesen Massakern weder etwas in südkoreanischen Geschichtsbüchern zu lesen noch wurden die Opfer rehabilitiert. Wie bereits diese Massaker zeigen, kann man mit einem einfachen „Gut-Böse-Schema“ den Konflikt auf der koreanischen Halbinsel nicht verstehen.

4. Die Präsidentschaft Kim Il Sungs

Kim Il Sung ist zwar 1994 verstorben, er wurde allerdings posthum zum „ewigen Präsidenten der DVRK“ ernannt. Sein Geburtstag am 15. April wird in der DVRK als „Tag der Sonne“ begangen. Die Bedeutung des Begründers der *Juche*-Philosophie und die Verehrung für ihn kommt in der Präambel der Verfassung der DVRK wie folgt zum Ausdruck:

„Die Demokratische Volksrepublik Korea ist das sozialistische Juche-Vaterland, in dem die Ideen der großen Führer Genossen Kim Il Sung und Kim Jong Il und ihre Führung verkörpert sind.

Präsident Kim Il Sung ist der Gründer der Demokratischen Volksrepublik Korea und des sozialistischen Korea.

---

[47] Vgl. Bronsteyn, B. I.: „Die Geschichtslüge vom Koreakrieg“, SoZ online, http://www.sozonline.de/2012/09/die-geschichtsluge-vom-koreakrieg/

[48] „Seoul probes civilian ‚massacres by US“ (Memento vom 29. August 2014 im *Internet Archive*) von Hanley, Charles J.; Jae-Soon Chang, auf Truth and Reconciliation Commission, Republic of Korea, vom 4. April 2008, zuletzt abgerufen am 16. November 2017.

Präsident Kim Il Sung begründete die unvergängliche Juche-Ideologie, organisierte und leitete unter ihrem Banner den antijapanischen revolutionären Kampf, schuf somit die ruhmreichen revolutionären Traditionen, vollendete das historische Werk der Wiedergeburt des Vaterlandes, legte auf dem Gebiet der Politik, Wirtschaft, Kultur und des Militärwesens das feste Fundament für den Aufbau eines souveränen und unabhängigen Staates und gründete auf dieser Grundlage die Demokratische Volksrepublik Korea.

Präsident Kim Il Sung legte die eigenständige revolutionäre Linie fest, führte klug die verschiedenen Etappen der sozialen Revolution und des Aufbaus und festigte und entwickelte die Republik zu einem sozialistischen Land mit den Volksmassen im Mittelpunkt, zu einem sozialistischen Staat, der souverän und selbstständig ist sowie sich selbst schützt.

Präsident Kim Il Sung umriss die Grundprinzipien des Aufbaus und der Tätigkeit des Staates und schuf durch seinen überlegenen Politikstil die vorzüglichste Staats- und Gesellschaftsordnung. Er führte das beste System und die beste Methode der Verwaltung für die Gesellschaft ein und schuf solide Grundlagen für die Stärkung und das Gedeihen des sozialistischen Vaterlandes und die Fortsetzung und Vollendung der koreanischen Revolution.“[49] (Aus der Präambel der Verfassung der DVRK)

Kim Il Sung vertrat nach dem Ende der japanischen Kolonialherrschaft die Auffassung, dass der Weg zur Vereinigung des Landes dadurch ermöglicht werden könnte, wenn im Norden Koreas eine mächtige revolutionäre Basis geschaffen würde.[50] So rückte die Gründung einer revolutionären Partei ins Zentrum seiner Aufmerksamkeit. Eine solche Bildung erwies sich aber unter diesen Bedingungen als nicht einfach, da es sowohl im Süden als auch im Norden – aufgrund der De-Facto-Teilung - verschiedene Fraktionen gab, die separatistische Tendenzen vertraten. Kim Il Sung favorisierte die Gründung einer einheitlichen Partei, deren Kern die im Kampf gegen die Japaner erprobten Genossen bilden sollten. Am 10.10.1945 tagte in Pyongyang/Nordkorea das Zentrale Organisationskomitee der

[49] Die Präambel ist nachzulesen auf: http://www.naenara.com.kp/de/politics/?rule+1, zuletzt abgerufen am 15.3.2018

[50] Vgl. Institut für Parteigeschichte beim ZK der PdAK: Kurze Geschichte der revolutionären Tätigkeit des Genossen Kim Ir Sen 1971, S. 119

nordkoreanischen KP unter der Leitung Kim Il Sungs (westlichen Quellen zufolge übernahm Kim Il Sung erst zwei Monate später die Führung). In der DVRK wird der 10. Oktober heute als Gründungstag der *Partei der Arbeit* gefeiert. Die PdA Nordkoreas entstand aus der Vereinigung der KP mit den aus China zurückgekehrten Kommunisten der „Neudemokratischen Partei" (NDP). Die PdA Nordkoreas und die im Süden illegal wirkende PdA Südkoreas vereinigten sich am 30. Juni 1949 zur *Partei der Arbeit Koreas* (PdAK). Kim Il Sung wurde zum Vorsitzenden des Zentralkomitees der PdAK gewählt. Ihre Wurzeln sieht die PdAK im 1926 gegründeten „Verband zur Zerschlagung des Imperialismus" (VZI).[51]

Kim Il Sung war am Anfang seiner politischen Tätigkeit sicherlich Marxist-Leninist. Auf der Konferenz von Kalun 1930 soll er allerdings schon die Leitlinien der *Juche*-Idee in einem Referat verkündet haben, wenn dies auch noch nicht *Juche*-Idee genannt wurde. Die *Juche*-Idee bildete sich somit bei Kim Il Sung mit der Zeit heraus. Dies ist wie folgt zu verstehen: Am Anfang standen die grundlegenden Gedanken, die in Kalun berücksichtigt wurden. Danach wurden diese Gedanken durch andere Ideen ergänzt, weiterentwickelt und schließlich zu einem Gedankengebäude ausgebaut. Kim Jong Il schildert die Herausbildung der *Juche*-Idee in seiner Abhandlung *Über die Juche* wie folgt: „Bereits am Anfang seiner revolutionären Tätigkeit beherrschte unser Führer den Marxismus-Leninismus. Allerdings wandte er nicht nur diese Lehre in der Praxis der koreanischen Revolution an, sondern stand unbeirrt auf dem eigenen Standpunkt, um ein neues Gebiet der revolutionären Theorien zu erschließen und die von der revolutionären Praxis aufgeworfenen Fragen eigenständig zu lösen. Im Kampf gegen die starrsinnigen Nationalisten, Pseudomarxisten, Kriecher und Dogmatiker, für einen neuen revolutionären Weg entdeckte er die Wahrheit der *Juche*-Ideologie ... und legte die eigenständige Linie der koreanischen Revolution dar."[52] Kim Jong Il legt Wert darauf zu betonen, dass die *Juche*-Philiosophie nicht von einem weltfremden Stubengelehrten entworfen wurde, sondern sich aus der Praxis der koreanischen Revolution, aus ihren Erfahrungen und ihrem Verlauf ergibt: „Die *Juche*-Ideologie wurde durch die Praxis der koreanischen Revolution als Leitgedanke unserer Epoche vervollkommnet. Eine Leitidee der Revolution

---

[51] Kim Jong Il, Die Partei der Arbeit Koreas ist eine revolutionäre Partei des *Juche*-Typs, die die ruhmreiche Tradition des VZI fortsetzt 1982, S. 3 und 21

[52] Kim Jong Il, Über die Juche-Ideologie, S. 7

kann auf keinen Fall plötzlich und irgendwo entstehen. Der Leitgedanke der Revolution ist zeitlich und geschichtlich bedingt und entsteht auf dem Wege der Verallgemeinerung der Erfahrungen aus dem revolutionären Kampf; und während dessen langjährigen Verlaufs wird seine Wahrheit überprüft und sein Inhalt bereichert, wodurch er als ein ideologisch-theoretisches System vervollkommnet wird. Kim Il Sung führte den revolutionären Kampf in verschiedenen Zeitabschnitten zum Sieg und die Arbeit in allen Bereichen - in Politik, Wirtschaft, Kultur und im Militärwesen - zum Erfolg. In diesem Prozess sammelte er reiche und wertvolle Erfahrungen und verallgemeinerte sie; auf diese Weise entwickelte er ständig die *Juche*-Ideologie weiter. Mehr als fünf Jahrzehnte lang stand er an der Spitze der komplizierten koreanischen Revolution und bahnte ihr den Weg. Das ist ein geschichtlicher Zeitabschnitt, in dem er durch eine reiche revolutionäre Praxis die *Juche*-Ideologie begründete und sie als ein eigenständiges ideologisch-theoretisches System vervollkommnete. So wurde also die *Juche*-Ideologie begründet – gestützt auf die Forderungen der neuen Epoche...“[53]

Nach dem Korea-Krieg legte Kim Il Sung den Kurs auf einen beschleunigten Wiederaufbau und eine forcierte Industrialisierung, die die DVRK schließlich – nach Japan – zum zweiten Industrieland Asiens machte. Es ist hierzulande weitgehend unbekannt, dass der Norden in seiner ökonomischen Entwicklung bis Mitte der 70er Jahre des 20. Jahrhunderts dem Süden Koreas voraus war.

Zum ersten Mal formulierte Kim Il Sung am 28. Dezember 1955 - in einer Ansprache vor Mitarbeitern für Parteipropaganda und -agitation - die *Juche*-Ideologie als ideologische Leitlinie der Partei. Kim Il Sung übte in dieser Rede Kritik am Dogmatismus und Formalismus. Er führte dabei u.a. Folgendes aus: „Wir vollziehen nicht die Revolution irgendeines fremden Landes, sondern eben die koreanische Revolution. Und diese koreanische Revolution ist das *Juche* in der ideologischen Arbeit unserer Partei. Aus diesem Grund ist die gesamte ideologische Arbeit den Interessen der koreanischen Revolution unterzuordnen… Um die koreanische Revolution durchzuführen, muss man die Geschichte und die Geographie Koreas, die Sitten und Gebräuche des koreanischen Volkes kennen ... Vor allem ist es wichtig, die Geschichte unseres Landes, die Geschichte des Kampfes unseres Volkes zu studieren und sie unter

[53] Ebenda, S. 8

den Werktätigen breit zu propagieren."[54] Im weiteren Verlauf der Rede äußerte er sich wie folgt: „Es ist notwendig, dass man das Eigene aufrichtig studiert und sich vollkommen aneignet. Sonst werden wir nicht in der Lage sein, die neuen Fragen, auf die wir im Laufe der praktischen Tätigkeit ständig stoßen, im Einklang mit unserer Wirklichkeit schöpferisch zu lösen. Es ist völlig klar, dass auch die Form unserer Macht entsprechend den spezifischen Bedingungen unseres Landes gestaltet werden muss. Man kann nicht sagen, dass die Form unserer Volksmacht die gleiche ist wie in den anderen sozialistischen Ländern. Die Macht beruht zwar auf den Prinzipien des Marxismus-Leninismus, aber ihre Formen sind unterschiedlich."[55] Kim Il Sung selbst datiert die Genese der *Juche*-Philosophie auf das Jahr 1955: „Im Jahr 1955 stellte unsere Partei den unbeirrbaren Kurs der Herausbildung des *Juche* auf und hat seit jener Zeit einen energischen ideologischen Kampf zu seiner Verwirklichung geführt. Das Jahr 1955 bedeutete einen Wendepunkt im beharrlichen Kampf unserer Partei gegen den Dogmatismus. Faktisch begann zu dieser Zeit unser Kampf gegen den modernen Revisionismus, der innerhalb des sozialistischen Lagers entstanden war. Unser Kampf gegen den Dogmatismus verband sich somit mit dem Kampf gegen den Revisionismus."[56]

Um dies zu verstehen, muss man sich die weltpolitischen Umbrüche in dieser Zeit vergegenwärtigen. Nach dem 2. Weltkrieg befanden sich zahlreiche Länder der Dritten Welt in einem Befreiungskampf gegen ihre Kolonialherren. Im Jahr 1948 erlangte z.B. Indien seine Souveränität, im Jahr 1954 erlitten die Franzosen in der Schlacht von Dien Bien Phu eine entscheidende Niederlage im Indochinakrieg und mussten in der Folge ihre kolonialen Ambitionen in Indochina begraben. Auch in der kommunistischen Bewegung ergaben sich schwerwiegende Veränderungen. Nach dem Tod Stalins 1953 und der Geheimrede Chruschtschows auf dem 20. Parteitag der KPdSU 1956, in der er die Politik Stalins heftig kritisierte, gerieten einige osteuropäische Länder (wie z.B. Ungarn) in Turbulenzen. Chruschtschows Kurs der Liberalisierung in Ökonomie und Gesellschaft wurde von Mao Tse-tung, der 1949 die

---

[54] Kim Il Sung. Über die Beseitigung des Dogmatismus und des Formalismus sowie über die Durchsetzung des *Juche* in der ideologischen Arbeit. In: Kim Il Sung Werke, Band 9, Pyonyang 1982, Seite 458

[55] Ebenda, S. 464

[56] Kim Il Sung, zitiert nach: Institut für Parteigeschichte beim ZK der PdAK, Kurze Geschichte der revolutionären Tätigkeit des Genossen Kim Ir Sen, S. 214 f.

Volksrepublik China ausgerufen hatte, heftig kritisiert. Die Beziehungen zwischen der Sowjetunion und der VR China verschlechterten sich in den folgenden Jahren dramatisch, sodass es im Jahr 1969 sogar zu Kampfhandlungen am Fluss *Ussuri* kam. Mit seiner Betonung der *Juche*-Idee und der daraus folgenden eigenständigen Politik gelang es Kim Il Sung, die DVRK, die eine gemeinsame Grenze sowohl mit der Sowjetunion und der VR China hat, aus dem Konflikt herauszuhalten, die Unabhängigkeit zu bewahren und zwischen beiden Seiten zu lavieren. Wie aus den zuletzt angeführten Ausführungen Kim Il Sungs hervorgeht, wurde die Politik Chruschtschows als „Revisionismus“ angeprangert, während die chinesische Position als „Dogmatismus“ bezeichnet wurde. Innerhalb der kommunistischen Bewegung konnte er somit einen „Dritten Weg“ in der ideologischen Auseinandersetzung zwischen den beiden verfeindeten Nachbarn propagieren.

Die Sowjetunion war nach nordkoreanischer Darstellung nicht am Aufbau einer eigenen nordkoreanischen Industrie interessiert, sondern wollte die Bodenschätze des Landes für sowjetische Industrieprodukte tauschen.[57] Es liegt auf der Hand, dass es innerhalb der Partei der Arbeit in der damaligen Zeit viele orthodoxe Marxisten-Leninisten geben musste, die sich der 1955 erstmals vorgetragenen *Juche*-Ideologie entgegenstellten und sich eher nach Moskau oder Peking orientieren wollten, als sich das Prinzip der Souveränität und Eigenständigkeit zu Eigen zu machen. Der III. Parteitag der PdAK 1956 stand daher im Zeichen der Auseinandersetzung um die Durchsetzung der *Juche*-Philosophie, die als Kampf gegen Revisionismus und Sektierertum bezeichnet wurde. Kim Jong Il macht die Bedeutung des III. Parteitages in dieser Hinsicht wie folgt deutlich: „Die historische Bedeutung des III. Parteitages und des Augustplenums des ZK der Partei von 1956 für die Festigung und Entwicklung unserer Partei liegt darin, dass die Partei gegen Sektierertum, Revisionismus und alle anderen parteifeindlichen und konterrevolutionären Elemente kämpfte und das Banner des *Juche* und der Einheit und Geschlossenheit der Partei erhob. Das war der Anlass dafür, in unserer Parteiarbeit das *Juche* konsequenter durchzusetzen und die Einheit und Geschlossenheit der Partei weiter zu stärken. Rechtzeitig bekämpfte unsere Partei das Sektierertum und den Revisionismus, setzte beharrlich das *Juche* durch und behauptete die Einheit und Geschlossenheit der Partei. Dadurch konnte sie auch in der komplizierten

---

[57] Vgl. Lösch, Thomas: „Außenpolitik Nordkoreas unter besonderer Berücksichtigung der Juche-Philosophie“, S. 56

inneren und äußeren Situation, ohne zu schwanken, das revolutionäre Banner hoch erheben und die Partei organisatorisch und ideologisch weiter festigen."[58] Dem ehemaligen albanischen Staats- und Parteichef Enver Hoxha (1908-1985) zufolge haben auf einem Plenum des ZK zwei hohe Parteimitglieder eine Ausrichtung der PdAK an den Ergebnissen des 20. Parteitags der KPdSU gefordert.[59] Die folgende Jahre standen im Zeichen der Umgestaltung der Partei und der Gesellschaft gemäß der *Juche*-Philosophie. Zur offiziellen Leitlinie wurde die *Juche* auf dem IV. Parteitag der PdAK 1961 erklärt, der vollständige Sieg der *Juche*-Ideologie auf dem VI. Parteitag 1980 verkündet. Die *Juche*-Ideologie wurde danach als die leitende Ideologie der DVRK in der Verfassung verankert.

In der DVRK erschienen von 1979-1997 50 Bände der *Kim Il Sung Werke* – eine Auswahl seiner Reden und Schriften. Das *Gesamtwerk Kim Il Sungs* in einer 100 Bände umfassenden Ausgabe wurde (ebenfalls im Verlag der PdAK) von 1992-2012 veröffentlicht. Im Verlag für fremdsprachige Literatur erschienen von 1980-2009 die *Kim Il Sung Werke* in einer 50 Bände umfassenden Werkausgabe in deutscher Sprache. Daneben wurden auch die acht Bände umfassenden *Ausgewählte Werke* und zahlreiche Einzelschriften auf Deutsch veröffentlicht. Bereits zu Lebzeiten Kim Il Sungs sollen seine Werke in 108 Ländern in 63 Sprachen erschienen sein.[60] Die 8-bändigen Memoiren Kim Il Sungs unter dem Titel „Mit dem Jahrhundert" umfassen seine Erinnerungen bis zum Jahr 1945 und sind auch in deutscher Sprache erschienen.

---

[58] Kim Jong Il: Die Partei der Arbeit Koreas ist eine revolutionäre Partei des Juche-Typs, die die revolutionären Traditionen des VZI fortsetzt 1982, S. 15 f.

[59] Hoxha, Enver: „*Die Chruschtschowianer. Erinnerungen.*" Verlag „8 Nëntori", Tirana 1980, S. 263 ff.

[60] Vgl. „Kim Il Sung. Lebensabriss", Verlag für fremdsprachige Literatur, Pyongyang 2001, S. 351

5. Die Ära Kim Jong Ils

„Kim Jong Il vertiefte und entwickelte allseitig die von Kim Il Sung begründete unvergängliche Juche-Ideologie und Songun-Idee weiter, verhalf ihnen als Leitgedanken der Epoche der Souveränität zur Ausstrahlung, verfocht und bewahrte entschlossen die revolutionären Traditionen koreanischer Prägung, setzte und entwickelte sie in aller Reinheit fort und knüpfte zuverlässig an die Lebensader der koreanischen Revolution an. Mitten im Zerfall des sozialistischen Weltsystems und in der gehässigen Offensive der vereinten imperialistischen Kräfte zur Strangulierung unserer Republik verteidigte er mit der Songun-Politik in Ehren die Errungenschaften des Sozialismus, das kostbare Erbe Kim Il Sungs, verwandelte unser Vaterland in ein politisch-ideologisch und militärisch unbesiegbar starkes Land und einen Atomwaffenstaat und eröffnete einen breiten Weg für den Aufbau eines starken sozialistischen Staates.“ (Aus der Präambel der Verfassung der DVRK)[61]

Kim Jong Il wurde nach nordkoreanischen Quellen am 16. Februar 1942 am Fuße des Berges Paektusan geboren. Demnach studierte er zunächst an der *Kim Il Sung-Universität* in Pyongyang. Von großer Bedeutung ist die Militärinspektion Kim Jong Ils am 25.8.1960 bei der 105. Seouler Panzer-Gardedivision „Ryu Kyong Su“ der KVA (Koreanischen Volksarmee), die in der DVRK als der Beginn der *Songun*-Führung durch Kim Jong Il angesehen wird. Nachdem er 1960 Mitglied der *Partei der Arbeit Koreas* wurde, begann er am 19.6.1964 seine Tätigkeit im Zentralkomitee der PdAK. Zum Sekretär des ZK der *Partei der Arbeit Koreas* stieg er 1973 auf, und im Februar 1974 wurde er Mitglied des Politbüros.

Den Oberbefehl über die KVA übernahm Kim Jong Il am 24.12.1991. Am 9. April 1993 übernahm er – noch vor dem Tod Kim Il Sungs 1994 – den Vorsitz in der Nationalen Verteidigungskomission der DVRK.

Am 8.10.1997 wurde Kim Jong Il zum Generalsekretär der *Partei der Arbeit Koreas* erwählt – eine Position, die er bis heute innehat, denn er wurde nach seinem Tod zum „ewigen Generalsekretär“ der Partei ernannt; das Amt wurde seitdem nicht mehr besetzt.

---

[61] http://www.naenara.com.kp/de/politics/?rule+1

Obwohl die *Songun*-Politik, d.h. der Verteidigung des Landes und der Armee Vorrang bei allen Anstrengungen einzuräumen, ein logisches Resultat der *Juche*-Ideologie ist und bereits durch Kim Il Sung begründet wurde, gewann die *Songun*-Politik doch in der Ära Kim Jong Ils eine besondere Bedeutung. Dass liegt v.a. daran, dass Kim Jong Il die Führung des Landes in einer besonders schwierigen Situation übernahm. Der Zusammenbruch der Sowjetunion und des Ostblocks 1989-1991 traf die Wirtschaft mit voller Wucht. Die gesamten über Jahrzehnte gewachsenen Handels- und Wirtschaftsbeziehungen mit den Ländern des RGW („Rates für gegenseitige Wirtschaftshilfe") waren de facto vollständig hinfällig geworden. Durch den Ausfall der sowjetischen Erdöllieferungen standen ca. 80 % der Maschinen in der Landwirtschaft still, die Ernte fiel um etwa 60% dramatisch ab. Die Probleme bei der Versorgung der Bevölkerung mit Lebensmitteln nahmen daraufhin dramatische Ausmaße an, eine bis heute nicht bekannte Zahl von Menschen starben an Hunger. Die nordkoreanische Führung sah sich gewaltigen Problemen gegenüber: Als eines der wenigen verbliebenen Staaten mit einem sozialistischen Anspruch sah man sich eines gigantisch wachsenden Drucks von Seiten Südkoreas und der USA ausgesetzt, das politische System des Landes nun ebenfalls zu verändern. Die durch den Zusammenbruch des Ostblocks beförderten wirtschaftlichen Schwierigkeiten schienen ebenfalls einen erheblichen Druck zu erzeugen, um die nordkoreanische Führung zu „Reformen" zu bewegen. Viele westliche Beobachter hielten es nur für eine Frage der Zeit, bis das System im Norden kollabieren würde. Gerade in dieser Situation entschied sich Kim Jong Il jedoch gemäß der *Juche*-Ideologie dazu, nicht zu kapitulieren, das Vertrauen auf die eigene Kraft zu betonen und die Unterschiede zu den anderen sozialistischen Staaten zu verdeutlichen. Dazu rückte nun die *Songun*-Politik in das Zentrum der Aufmerksamkeit. Die Koreanische Volksarmee (mit einer Friedensstärke von über 1 Million Soldaten) sollte nicht nur nach außen hin Stärke demonstrieren und alle politischen Erpressungsversuche vereiteln. Sie wurde auch im Inneren eingesetzt, um neue Kraftwerke zu bauen, die die Energieversorgung des Landes verbessern sollten. Entgegen allen Erwartungen kollabierte das Land nicht und es begann sich eine Stabilisierung abzuzeichnen. Die Bevölkerung brachte dabei gewaltige Opfer. Das Atomprogramm wurde forciert, um die technische Überlegenheit der südkoreanischen und US-Truppen zu neutralisieren und die Souveränität zu gewährleisten. Es soll die Unabhängigkeit des Landes garantieren. Vor allem nach den Erfahrungen mit

Libyen, das nach dem westlichen Versprechen, wieder in die „Internationale Gemeinschaft“ aufgenommen zu werden, auf sein Atomprogramm verzichtete und bei der nächsten Gelegenheit eben doch von der NATO mit Krieg überzogen wurde, wird Nordkorea wohl nicht auf sein Atomprogramm, seine Lebensversicherung, verzichten.

Die Koreanische Nachrichtenagentur KCNA gab im Jahr 2001 bekannt, dass das Verlagshaus der *Partei der Arbeit Koreas* bis dahin 120 Werke Kim Jong Ils veröffentlicht hat.[62] Die deutsche Werkausgabe der *Ausgewählten Werke* Kim Jong Ils ist auf 15 Bände festgelegt, die koreanische Werkausgabe auf 24 Bände. Als Kim Jong Ils theoretische Leistungen für die *Juche*-Philosophie werden heute in der DVRK die Systematisierung und Entwicklung der *Juche*-Idee angesehen. Er „bereicherte sie“ demnach „mit tiefgründigen Grund- und Lehrsätzen“[63]. Weiterhin definierte er das revolutionäre Denken Kim Il Sungs als „Kimilsungismus.[64] Daher sind seine Schriften im Hinblick auf die Erklärung, das Verständnis und die Interpretation der *Juche*-Philosophie von größter Bedeutung. Eine herausragende Rolle spielt dabei seine Schrift „On the Juche Idea“ („Über die *Juche*-Ideologie“). Dieses Werk erschien zum nationalen Symposion anlässlich des 70. Geburtstags Kim Il Sungs am 31. März 1982. Diese Schrift erhielt quasi die höchste Weihe vom Gründer der *Juche*-Philosophie selbst, denn Präsident Kim Il Sung äußerte sich nach dem Lesen der Schrift dahingehend, dass er bisher viele philosophische Werke gelesen und beurteilt habe, doch zum ersten Mal habe er eine Abhandlung als perfekt beurteilt.[65] Aufgrund ihrer zentralen Bedeutung für die *Juche*-Philosophie wird diese Schrift in diesem Buch auch entsprechend berücksichtigt und zitiert.

---

[62]https://web.archive.org/web/20141012070821/http://www.kcna.co.jp/item/2000/200012/news12/26.htm

[63] Ri Hong Su, Lehrer der Kim-Il-Sung-Universität, in: „Das Banner der Souveränität beleuchtet den Weg der Menschheit“, 2., verbesserte Aufl., Verlag für fremdsprachige Literatur, Pyongyang 2017, S. 7

[64] Vgl. ebenda

[65] Kim Il Sung, zitiert nach: https://aip-berlin.org/2015/03/30/kim-jong-il-uber-die-juche-ideologie-ein-wegweisendes-werk/

6. Die DVRK unter der Führung von Kim Jong Un

Nach dem Tod Kim Jong Ils am 17.12.2011 übernahm der bereits am 27.10.2010 zum General der KVA ernannte Kim Jong Un, der dritte und jüngste Sohn Kim Jong Ils, die Nachfolge seines Vaters. Nach offiziellen Angaben hatte er die Militärakademie „Kim Il Sung“ absolviert.

Auf der 2. Parteikonferenz der PdAK am 28.9.2010 war er in das ZK der Partei der Arbeit berufen und zum stellvertretenden Vorsitzenden der Militärkommission ernannt worden. Damit war er in Partei und Militär im Falle eines Ablebens von Kim Jong Il für die Nachfolge prädestiniert. Am 8.12.2011 übernahm er den Oberbefehl über die KVA, auf der 4. Parteikonferenz der PdAK am 11.4.2012 wurde er zum 1. Sekretär der PdAK gewählt. Auf der 4. Parteikonferenz der PdAK und auf der 5. Tagung der Obersten Volksversammlung der DVRK (in der XII. Legislaturperiode) wurde auch beschlossen, Kim Jong Il zum „ewigen Generalsekretär der PdAK“ zu ernennen. Die Oberste Volksversammlung der DVRK wählte am 13.4.2012 Kim Jong Un zum 1. Vorsitzenden des Nationalen Verteidigungskomitees der DVRK. Der VII. Parteitag der PdAK fand in Pyongyang vom 6.5. bis 10.5.2016 statt. Kim Jong Un wurde zum 1. Sekretär der PdAK gewählt, da Kim Jong Il als „ewiger Generalsekretär der Partei“ fungiert. Die allgemeinen wirtschaftspolitischen Ziele wurden in einem Fünf-Jahres-Plan festgehalten. Der Parteitag bestätigte den Kurs auf die beschleunigte Errichtung einer Atommacht. Wegen des Nuklearprogramms und der Raketentests des Landes hatte sich das Verhältnis mit den USA zu diesem Zeitpunkt erheblich zugespitzt. Am 29.6.2016 wurde Kim Jong Un zum Vorsitzenden des neu gebildeten „Komitees für Staatsangelegenheiten“ gewählt.

Seit dem 1.1.2013 hat Kim Jong Un die von Kim Il Sung praktizierte Tradition der Neujahrsansprachen wieder aufgenommen. Im Hinblick auf die *Juche*-Ideologie ist von Interesse, dass er das Gedankengut von Kim Il Sung und Kim Jong Il als „Kimilsungismus-Kimjongilismus“ definiert.[66] Kim Jong Un ist heute der höchste Interpret der *Juche*-Ideologie und betont als solcher mehr

[66] Vgl. Kim Jong Un: Den großen Genossen Kim Jong Il als ewigen Generalsekretär unserer Partei hoch verehren und das koreanische revolutionäre Werk hervorragend vollenden, Pyongyang 2012, S. 6 ff.

denn je die Eigenständigkeit der *Juche*-Ideologie.[67] Bilder von Marx und Lenin verschwanden aus dem Stadtbild von Pyongyang, die Bezugnahme auf die „Klassiker" des Marxismus-Leninismus wurde auch aus der Verfassung getilgt.[68] Der „Sozialistische Jugendverband Kim Il Sung" (mit offiziell ca. 8 Millionen Mitgliedern) wurde im August 2016 in den „Kimilsungistisch-Kimjongilistischen Jugendverband" (KKJV) umbenannt. Inzwischen sind auch einige Schriften von Kim Jong Un auf Deutsch erschienen, in denen die *Juche*-Ideologie bekräftigt und die *Songun*-Politik u.a. dafür gelobt wird, dass sie „den schmutzigen Wind der bürgerlichen Liberalisierung und den Wind der ‚Reform' und ‚Öffnung'"[69] hinweggefegt hätte. Ideologisch wird die DVRK unter seiner Führung sicher an der *Juche*-Philosophie festhalten, eigene Gedanken einfließen lassen und sie in einigen Bereichen neu interpretieren.

II. Die *Juche*-Philosophie als Weltanschauung einer neuen Epoche

1. Eine neue Weltanschauung für eine neue Epoche

Die *Juche*-Philosophie wurde anfangs noch als schöpferische Anwendung des Marxismus-Leninismus auf die koreanischen Verhältnisse verstanden. So äußerte sich Kim Il Sung in seiner Rede „Über die Beseitigung des Dogmatismus und des Formalismus sowie über die Durchsetzung des Juche in der ideologischen Arbeit" am 28.12.1953 wie folgt: „Es ist völlig klar, dass auch die Form unserer Macht entsprechend den spezifischen Bedingungen unseres Landes gestaltet werden muss. Man kann nicht sagen, dass die Form unserer Volksmacht die gleiche ist wie in den anderen Ländern. Die Macht beruht zwar auf dem Marxismus-Leninismus, aber ihre Formen sind unterschiedlich. Natürlich entspricht auch das politische Programm der Wirklichkeit unseres Landes."[70] Mit der Zeit wurde aber mehr und mehr die

---

[67] Vgl. ebenda, S. 9

[68] Andrei Lankov: Purist Pyongyang purges Marx, Asia Times, 2. November 2012

[69] Kim Jong Un: Rechenschaftsbericht des ZK der PdAK an den VII. Parteitag vom 7.5.2016, Druckerei AzzawiMediaPrint, Berlin Oktober 2016, S. 6

[70] Kim Il Sung: „Über die Beseitigung des Dogmatismus und des Formalismus sowie die Durchsetzung des Dschutsche in der ideologischen Arbeit", in: Kim Il Sung Werke, Band 9, Pyongyang 1982, S. 464

Eigenständigkeit und Abgrenzung der *Juche*-Ideologie gegenüber dem Marxismus-Leninismus herausgehoben. Erst ist im Prozess der Herausbildung, Ausformulierung und Entwicklung der *Juche*-Philosophie wurde die Beschränktheit des Marxismus-Leninismus und der Bruch mit dem Marxismus-Leninismus bei Kim Jong Il mehr und mehr betont. Es wurde bereits darauf hingewiesen, dass in den letzten Jahren Bilder von Marx und Lenin aus dem Stadtzentrum von Pyongyang entfernt und auch in der Verfassung die Klassiker des Marxismus-Leninismus nicht mehr erwähnt wurden.[71] So wird das heutige Selbstverständnis der *Juche*-Ideologie als vollständig eigenständige Ideologie - unabhängig und in Abgrenzung vom Marxismus-Leninismus - deutlich. Es wurde in der *Juche*-Ideologie theoretisch untermauert, warum der Marxismus-Leninismus „sowohl in seiner Weltanschauung als auch in seinen Theorien von Sozialismus und Kommunismus seine Begrenztheit hat“[72] und daher notwendigerweise ein Bruch mit ihm erfolgen musste. Die *Juche*-Philosophie entstand und entwickelte sich demnach zwar zunächst innerhalb des marxistisch-leninistischen Rahmens, erkannte aber immer mehr dessen Fehler und Beschränkungen, weshalb sie bei ihrer Weiterentwicklung letztlich diesen Rahmen sprengte und sich zu einer völlig eigenständigen und eigenschöpferischen Ideologie entwickelte. So versteht sich die *Juche*-Ideologie heute als „eine schöpferische Philosophie, die anhand der ihr eigenen Grundprinzipien dargelegt und systematisiert ist.“[73]

Weltanschauungen bzw. Ideologien können der *Juche*-Philosophie nicht zeitlos gültig sein. Mit einer neuen Epoche entstehen neue Gegebenheiten und neue Anforderungen. So spricht Kim Jong Il in seiner Schrift „Über die Juche-Ideologie“ von einer „Entwicklungsgeschichte der Weltanschauungen“[74]. In jedem Zeitalter stehen demnach bestimmte philosophische Fragen im Mittelpunkt, während in einer anderen Epoche andere Fragen in das Zentrum der Aufmerksamkeit rücken. Die Entwicklungen in jedem Zeitalter bringen eine fortschrittliche, revolutionäre Weltanschauung hervor, die den Kampf der

---

[71] Vgl. Andrei Lankov: *Purist Pyongyang purges Marx*, Asia Times, 2. November 2012

[72] Kim Jong Il: „Einige Fragen über die ideologische Grundlage des Sozialismus“, S. 104, in: Kim Jong Il, Ausgewählte Werke, Bd. 10, S. 104

[73] Kim Jong Il: Die Juche-Philosophie ist eine schöpferische revolutionäre Philosophie, S. 1

[74] Vgl. Kim Jong Il, Über die Juche-Ideologie, S. 61 f.

Volksmassen um die Durchsetzung der Souveränität vorwärts treiben.[75] So war die Entstehung des Dialektischen und Historischen Materialismus von Marx und Engels der *Juche*-Philosophie zufolge notwendig, um es der Arbeiterklasse zu ermöglichen, die Herrschaft des Kapitals anfechten zu können: „Zu jener Zeit stand die Aufgabe im Vordergrund, den Idealismus und die Metaphysik, die dazu benutzt wurden, die reaktionäre Herrschaft des Kapitals als Heiligtum zu verteidigen und deren Ewigkeit zu predigen, zu entlarven und die wissenschaftlich fundierte Weltanschauung der Arbeiterklasse zu begründen. Diese epochale Forderung spiegelte sich in der Schaffung der materialistischen und dialektischen Weltanschauung wider."[76] Die Genese des Marxismus spiegelt somit die Forderungen des damaligen Zeitalters wider. Diese Ideologie entstand in einer Zeit, in der eine „Auseinandersetzung zwischen den beiden entgegengesetzten philosophischen Strömungen, dem Materialismus und Idealismus, .. zwischen der Dialektik und Metaphysik"[77] stattfand. Die vergangene Epoche begann demnach mit dem Erscheinen der Arbeiterklasse auf der Bühne der Geschichte. Es war demzufolge „der Marxismus", der in diesem Kampf den Sieg des Materialismus und der Dialektik"[78] sicherte.

Seit den Tagen von Marx und Lenin habe sich die Welt jedoch grundlegend gewandelt. Der *Juche*-Philosophie zufolge unterliegt daher auch der Marxismus-Leninismus einer historisch-epochal bedingten Beschränkung.[79] Das wird u.a. auch in den folgenden Ausführungen Kim Jong Ils deutlich: „Seit jener Zeit, in der Marx wirkte, ist die Geschichte weit vorangeschritten, und das Antlitz der Welt hat sich von Grund auf verändert. Die Marxsche Lehre wurde … fortgeführt und mit Leben erfüllt, und der Marxismus entwickelte sich ständig weiter. Lenin, der die Sache von Marx übernahm, begründete den Leninismus, indem er entsprechend den neuen historischen Bedingungen … den Marxismus schöpferisch weiterentwickelte."[80]

---

[75] Vgl. ebenda. Der Sinn der Geschichte ist die Durchsetzung der Souveränität. Vgl. Kapitel VI.

[76] Kim Jong Il, Über die Juche-Ideologie, S. 62

[77] Ebenda, S. 61 f.

[78] Ebenda, S. 62

[79] Kim Jong Il: „Einige Fragen über die ideologische Grundlage des Sozialismus", S. 104, in: Kim Jong Il, Ausgewählte Werke, Bd. 10, S. 104

[80] Kim Jong Il: Vorwärts unter dem hoch erhobenen Banner des Marxismus-Leninismus und der *Juche*-Ideologie, Pyongyang 1983

Die Geschichte ist seitdem natürlich nicht stehengeblieben, die neue Epoche benötige eine neue Ideologie, nämlich die *Juche*-Philosophie.

Warum kann man nach der *Juche*-Philosophie davon sprechen, dass wir uns in einer neuen Epoche befinden, und was zeichnet unser heutiges Zeitalter aus?

Die Oktoberrevolution 1917 in Russland legte demnach ursprünglich schon einen Grundstein für die Befreiung der Völker vom Kolonialismus. Aber erst durch den 2. Weltkrieg gerieten die großen Kolonialreiche Großbritanniens, Frankreichs oder Japans ins Wanken. Der Befreiungskampf der Koreaner gegen die japanische Besatzungsmacht, der indische Unabhängigkeitskampf, der Kampf der Vietnamesen gegen die Franzosen, die ihr Kolonialreich in Indochina wieder errichten wollten, waren erst der Auftakt zur Entkolonisierung Afrikas und Asiens. So rückte der *Juche*-Philosophie zufolge der Kampf um die Souveränität der Völker und Nationen in den Vordergrund. Kim Jong Il schildert diese Entstehung der *Juche*-Philosophie als Ideologie einer neuen Epoche wie folgt: „Zu der Zeit, als Kim Il Sung den Weg der Revolution betrat, zeichnete sich eine neue Wende im Kampf der Arbeiterklasse, der Volksmassen gegen Ausbeutung und Unterdrückung ab. Auf dem internationalen Schauplatz gewann der Sozialismus, der zum ersten Mal gesiegt hatte, mehr und mehr an Einfluss, und der revolutionäre Kampf der Arbeiterklasse und die Befreiungsbewegung der Völker in den Kolonien und Halbkolonien nahmen einen raschen Aufschwung. In der Absicht, die revolutionären Aktionen der Volksmassen zu ersticken und ihrer tief greifenden politischen und ökonomischen Krise zu entrinnen, verstärkten die Imperialisten die Ausplünderung und brutale Unterdrückung der Volksmassen. In vielen Ländern verschärften sich die Widersprüche bzw. Gegensätze zwischen Revolution und Konterrevolution, und die Völker, deren Souveränität lange Zeit mit Füßen getreten wurde, erhoben sich zum Kampf für die Klassen und nationale Befreiung. So war eine neue Zeit angebrochen, in der sich die weltweite revolutionäre Bewegung tiefgehend und vielfältig entwickelte.“[81]

Dieser Kampf der Völker der „Dritten Welt“ zur Erlangung ihrer Souveränität wurde nicht durch die Arbeiterklasse allein getragen: Es handelte sich oft um nationale Befreiungsbewegungen, die von breiten Schichten des Volkes unterstützt wurden. So verhielt es sich auch in Korea im Widerstand gegen die

[81] Kim Jong Il, Über die Juche-Ideologie, S. 4 f.

Japaner. Kim Jong Il macht darauf aufmerksam, dass auch die Begründer des Marxismus-Leninismus - Marx, Engels und Lenin – nicht der Arbeiterklasse entstammten. Die Rolle der Intellektuellen in einer revolutionären Bewegung müsse gebührend berücksichtigt werden.[82]

Der Kampf um die Souveränität sei nach dem Ende des offenen Kolonialismus nicht beendet, überall hätten sich Formen des Neokolonialismus entwickelt. Heutzutage stehe der Kampf zur Durchsetzung für Souveränität im Mittelpunkt der weltweiten Auseinandersetzungen.[83] Seit dem Zusammenbruch der Sowjetunion und des Ostblocks scheint dieser Kampf um die Souveränität um so notwendiger, da die Vorherrschaft einer einzigen Weltmacht dazu führe, dass die UNO instrumentalisiert werde und die Souveränität der verbliebenen unabhängigen Staaten gefährdet erscheine. Eine Reihe von Kriegen imperialistischer Mächte haben die Souveränität Jugoslawiens, Libyens oder des Irak beendet. Weiterhin ertöne heute überall, ob im ehemaligen Jugoslawien oder in Katalonien, der Ruf nach Souveränität. Dieses neue Zeitalter erfordert nach der *Juche*-Philosophie eine neue Ideologe: „Die neue Epoche, in der die Volksmassen …. als eine über die Welt herrschende große Kraft zu handeln begannen, verlangt eine neue Weltanschauung, die ihnen dazu verhilft, ihr Schicksal selbst und schöpferisch als Herr zu gestalten und die historische Aufgabe, die Befreiung der Nation, der Klasse und des Menschen, siegreich zu verwirklichen. Diese von der Geschichte gestellte Aufgabe wurde mit der Begründung der *Juche*-Ideologie hervorragend gelöst. Sie umriss die Weltanschauung der neuen Epoche, ist im Hinblick auf ihre philosophischen Grundsätze, die den Grundstein der *Juche*-Ideologie bilden, völlig neu und eigenschöpferisch."[84]

Die *Juche*-Ideologie ist ihrem Selbstverständnis nach „die wahrhaft revolutionäre Weltanschauung unseres Zeitalters, der *Juche*-Epoche"[85]. Daher werde die Ausstrahlungskraft dieser Weltanschauung in der *Juche*-Zeitalter

---

[82] Vgl. Kim Jong Il, In der Revolution und beim Aufbau die Rolle der Intellektuellen weiter verstärken, S. 3 ff.

[83] Vgl. Kim Jong Il: Die Juche-Philosophie ist eine schöpferische revolutionäre Philosophie, Pyongyang 1997, S. 15

[84] Kim Jong Il, Über die Juche-Ideologie, S. 62

[85] Ebenda, S. 61

auch weiter zunehmen, in zahlreichen Ländern der Welt hätten sich bereits *Juche*-Studienkreise gebildet.[86]

2. *Juche*-Studiengruppen weltweit

Die ersten *Juche*-Studiengruppen entstanden in den 1970er Jahren. 1976 kam es zu einem „Internationalen Wissenschaftlichen Seminar der Juche-Ideologie", das in Madagaskar, stattfand. Durch seine Unabhängigkeit von der Sowjetunion und der VR China wirkte der *Juche*-Sozialismus auf viele Linke im Westen anziehend. Viel beigetragen dazu hat auch das „Nordkoreanische Reisetagebuch" der Schriftstellerin und ehemaligen Bundespräsidentschafts-kandidatin der „Grünen", Luise Rinser (1911-2002), das von ihren Reisen nach Nordkorea und ihren dortigen Erfahrungen berichtet. Sie schildert darin Nordkorea als idealen Staat, einen gelungenen „Sozialismus mit menschlichem Antlitz" und Kim Il Sung als gütigen, weisen Staatsmann.[87] Die wirtschaftliche Entwicklung bis Mitte der 70er Jahre war auch erstaunlich erfolgreich, was die Anziehungskraft vergrößerte. So gaben sich selbst Staatsoberhäupter und Regierungsmitglieder als Anhänger der *Juche*-Ideologie zu erkennen. Am 9. April 1978 wurde das „International Institute of the Juche Idea" (IIJI) in Tokio gegründet.[88] Das Institut wurde von 1985 bis 1989 von einem österreichischen Minister, Hans Klecatsky, geleitet. Es gibt eine Zeitschrift mit dem Titel *Study of the Juche-Ideology* heraus. Anlässlich des 100. Geburtstags von Kim Il Sung fand in Pyongyang im Jahr 2012 eine „Weltkonferenz der Juche-Ideologie" statt.[89] Heute gibt es zahlreiche Studiengruppen auf der ganzen Welt, vier davon in Deutschland.[90] In Frankreich gibt es eine *Juche*-Partei (*Parti de Juche de*

[86] Vgl. Kim Jong Il, Die Juche-Philosophie ist eine schöpferische revolutionäre Philosophie, Schriftenreihe der KPD, Heft Nr. 93 (2002), S. 15

[87] Luise Rinser, Nordkoreanisches Reisetagebuch. 6., aktualisierte Auflage, Frankfurt/M. 1986 (Fischer Taschenbuchverlag)

[88] https://web.archive.org/web/20081102062517/http://www.cnet-ta.ne.jp/juche/defaulte.htm

[89] Pyongyang Times, 14. April 2012, S. 12

[90] Angaben der Botschaft der DVRK gegenüber dem Verfasser.

France[91]), in Deutschland gab es von 1996-1998 eine Partei der Arbeit (PdA), die sich ideologisch auf die *Juche*-Philosophie berief. In der KPD (Kommunistischen Partei Deutschlands) gibt es einen „Freundeskreis der *Juche*-Philosophie".

3. Das Marxsche Verständnis von Weltanschauungen und die diesbezügliche Auffassung der *Juche*-Philosophie

Nach der Marxschen Auffassung von Dialektik sind auch Weltanschauungen bzw. Ideologien der Dialektik unterworfen. Eine Ideologie hat Widersprüche und diese sind die treibende Kraft zur Veränderung. Ein kodifiziertes Lehrgebäude bzw. eine starre, dogmatisch aufgefasste Ideologie wie der Marxismus-Leninismus (wie er im Ostblock verkündet wurde) steht eigentlich im Widerspruch zur materialistischen Dialektik, nach der alles ständig im Fluss bzw. in Bewegung ist. Vielleicht wird vor diesem Hintergrund der folgende Ausspruch von Marx verständlich: „Alles, was ich weiß, ist, dass ich kein Marxist bin"[92] Die Lehre von Marx dogmatisch zu fassen und ein fertiges Lehrgebäude zu konstruieren, ist ein Widerspruch in sich selbst, da eine Weltanschauung ebenfalls der Dialektik unterliegt. Die *Juche*-Philosophie steht somit nicht im Widerspruch zur ursprünglichen Marxschen Lehre, wenn sie darauf hinweist, dass auch Weltanschauungen nicht ein für allemal abgeschlossen und zeitlos gültig sein können.[93]

Ideologien gehören für Marx zum „Überbau" und sind eine Widerspiegelung des gesellschaftlichen Bewusstseins. Für eine weitere Darlegung des Themas erscheint daher zum besseren Verständnis zunächst eine kurze Darstellung des Dialektischen und Historischen Materialismus notwendig.

---

[91] Vgl. https://partijuche.wordpress.com/

[92] Marx Engels Werke (MEW), Bd. 37, S. 436

[93] Vgl. Die Juche-Philosophie ist eine schöpferische, revolutionäre Philosophie, Pyongyang 1997, S. 1

III. Zur materialistischen Basis der *Juche*-Ideologie

1. Materialismus und Dialektik

Die Begriffe „Dialektischer Materialismus“ und „Historischer Materialismus“ sucht man eigentlich bei Karl Marx vergeblich. Die Bezeichnung „Historischer Materialismus“ wurde erstmals von Friedrich Engels verwendet, den Begriff „Dialektischer Materialismus“ findet man weder bei Marx noch bei Engels.[94]

Die Dialektik, die sich bis auf Platon zurückführen lässt, ist bei Hegel im Wesentlichen die Lehre vom Widerspruch in ein und demselben Gegenstand. Demnach ist der Widerspruch das Wesen jeder Erscheinung, die Ursache von Entwicklung und Bewegung. Die Eigenschaften des Gegenteils einer Erscheinung nehmen mit der Zeit zu, bis ein Umschlag erfolgt und der Widerspruch in einer neuen Synthese aufgehoben wird. Daraus ergibt sich der dialektische Dreischritt: These-Antithese-Synthese. Das Positive aus einem negierten Zustand wird in die neue Synthese mit aufgenommen, woraus sich ein ständiger Fortschritt ergibt. Karl Marx übernahm die Hegelsche Dialektik, behauptete aber, dass sie vom Kopf auf die Füße gestellt werden müsse: „Meine dialektische Methode ist der Grundlage nach von der Hegelschen nicht nur verschieden, sondern ihr direktes Gegenteil. Für Hegel ist der Denkprozess, den er sogar unter dem Namen Idee in ein selbständiges Subjekt verwandelt, der Demiurg des Wirklichen, das nur seine äußere Erscheinung bildet. Bei mir ist umgekehrt das Ideelle nichts anderes als das im Menschenkopf umgesetzte und übersetzte Materielle.“[95] Während die Hegelsche Dialektik auf einer idealistischen Grundlage steht, müsste sie Marx zufolge allerdings auf einer materialistischen Basis stehen. Für Marx bedeutet diese materialistische Grundlage, dass es das „gesellschaftliche Sein“ ist, das das Bewusstsein bestimmt. Für Marx ist die dialektische Methode eine empirische historische Methode, mit der man in der gesellschaftlichen Entwicklung die dialektische Bewegung aufspüren kann. Marx hat keine größeren Abhandlungen über Materialismus und Dialektik verfasst. Friedrich Engels übertrug - u.a. in

[94] Vgl. Joseph M. Bochenski, Marxismus-Leninismus: Wissenschaft oder Glaube 1974, S. 75 und 93

[95] Marx, Karl: „Nachwort zur 2. Auflage des Kapitals“. in: Marx/Engels, Ausgewählte Werke 1988, Bd. 3, S. 165

seinem Werk „Dialektik der Natur“ - die dialektische Methode in die Naturwissenschaft, um für das Universum und Natur gültige Gesetze zu formulieren. Zum weiteren Verständnis der Entwicklung der Marxschen Lehre muss darauf hingewiesen werden, dass die Marxschen Frühschriften, wie z.B. die „Ökonomisch-Philosophischen Manuskripte“, erstmals 1932 erschienen. Den sozialistischen Theoretikern wie Rosa Luxemburg, Lenin oder Trotzki waren somit bedeutende Schriften von Marx unbekannt geblieben. Sie glaubten, die Philosophie von Marx in der damals üblichen vulgärmarxistischen Deutung zu finden. In der Sowjetunion wurde mit dem *Dialektischen Materialismus* schließlich ein kodifiziertes Lehrgebäude errichtet, das beanspruchte, alle Vorgänge in der Natur und in der Gesellschaft abschließend zu erklären. Dabei wurde gelehrt, dass alles Materie ist, Raum und Zeit Formen der Materie sind und das Bewusstsein eine Widerspiegelung der Materie ist. Konstruiert wurde auch ein „wissenschaftlicher Atheismus“, nach dem die Materie am Anfang aller Dinge steht und ein Schöpfer bzw. Gott als erste Ursache ausgeschlossen werden könne. Die Materie entwickelt sich demnach dialektisch zu immer höheren Formen.

2. Das Verhältnis der *Juche*-Ideologie zum Dialektischen Materialismus

Es muss zunächst darauf hingewiesen werden, dass die *Juche*-Philosophie die historischen Verdienste des Marxismus-Leninismus durchaus anerkennt. So begründeten demnach Marx und Engels „auf der Grundlage der kritischen Untersuchung der klassischen deutschen deutschen Philosophie, der klassischen englischen politischen Ökonomie und der Lehren der utopischen Sozialisten Frankreichs sowie anderer progressiver Ideen und Theorien der damaligen Zeit und auf der Basis der Analyse der Widersprüche der kapitalistischen Gesellschaft .. die Grundsätze des dialektischen und historischen Sozialismus, stellte(n) die Mehrwerttheorie auf, wies(en) die Unvermeidbarkeit des Untergangs des Kapitalismus und die Notwendigkeit des Sieges des Kommunismus nach und verwandelte(n) den Sozialismus von einer

Utopie in eine Wissenschaft."[96] Doch die Menschheit schreitet weiter voran bzw. entwickelt sich weiter, das Antlitz der Welt verändert sich ständig.[97] So begründete „Lenin, der die Sache von Marx übernahm, .. den Leninismus, indem er entsprechend den neuen historischen Bedingungen der Epoche des Imperialismus und der proletarischen Revolution den Marxismus schöpferisch weiterentwickelte. Kraft des Leninismus triumphierte die Große Sozialistische Oktoberrevolution und entstand der erste Staat der Diktatur des Proletariats. Der Marxismus-Leninismus, die revolutionäre Ideologie der Arbeiterklasse, die von Marx begründet und von Lenin weiterentwickelt wurde, wurde eine machtvolle Triebkraft des revolutionären Kampfes der internationalen Arbeiterklasse und der Befreiungsbewegungen der Volksmassen."[98] Gemäß der *Juche*-Ideologie stand die Welt seitdem jedoch nicht still, die revolutionäre Ideologie musste erneut weiterentwickelt und an die neue Epoche angepasst werden. Diese neue Epoche ist das Zeitalter des Kampfes um die Souveränität. Die von Lenin konzipierte Imperialismustheorie hat den Imperialismus als höchstes Stadium des Kapitalismus definiert. Lenin sah nunmehr das Finanzkapital als herrschende Kraft an. Gemäß der *Juche*-Philosophie ist der heutige Imperialismus aber nicht mehr derselbe wie zu Zeiten Lenins, heute stehe der Kampf der Nationen um die Souveränität im Mittelpunkt der weltweiten Auseinandersetzungen.

Wenn man die Auffassung der *Juche*-Ideologie zu der Fragen von Dialektik und Materialismus behandelt, muss man sich stets vergegenwärtigen, dass Kim Il Sung und Kim Jong Il mit dem Dialektischen Materialismus in der sowjetideologischen Variante in Berührung kamen. Umso überraschender mutet es an, dass man bei Kim Jong Il eine Kritik am Vulgärmaterialismus finden kann: „Derzeit betrachten die bürgerlichen Ideologen, Revisionisten und Reformisten alle Dinge und Erscheinungen vom Standpunkt der biologischen Evolution und des Vulgärmaterialismus aus und verbreiten unter den Menschen die Spontaneität und die Über-Alles-Stellung der Materie. Wir müssen bei der Erläuterung und Propagierung der *Juche*-Philosophie gegen eine solche biologische und vulgärmaterialistische Weltanschauung auftreten."[99]

---

[96] Kim Jong Il: Vorwärts unter dem hoch erhobenen Banner des Marxismus-Leninismus und der Juche-Ideologie 1983, S. 2

[97] Vgl. ebenda, S. 4

[98] Ebenda

[99] Kim Jong Il, Zum richtige Auffassen und Verstehen der Juche-Philosophie 2002, S. 2

Es ist Kim Jong Il zufolge nicht zulässig, gesellschaftliche Bewegungsgesetze von den Gesetzmäßigkeiten der materiellen Welt her ableiten oder erklären zu wollen.[100] Kim Jong Il betont die undogmatische Herangehensweise der *Juche*-Ideologie an den Dialektischen Materialismus immer wieder. Das Verhältnis der *Juche*-Philosophie zum Dialektischen Materialismus beschreibt er wie folgt: „Unsere Partei verhielt sich freilich nicht dogmatisch zur materialistischen Dialektik des Marxismus, sondern studierte und analysierte sie von unserem Standpunkt aus und fügte eine Reihe von Fragen faktisch Neudeutungen hinzu. Das bedeutet jedoch nicht, dass eine bestimmte, davon motivierte Weiterentwicklung des Materialismus und der Dialektik der Hauptinhalt der *Juche*-Philosophie wäre. Die *Juche*-Philosophie ist eine schöpferische Philosophie, die anhand der ihr eigenen Grundprinzipien dargelegt und systematisiert ist. Die historischen Verdienste der *Juche*-Philosophie um die Entwicklung der philosophischen Ideologie bestehen nicht in der Weiterentwicklung der materialistischen Dialektik des Marxismus, sondern darin, dass sie neue anthropozentrische philosophische Grundprinzipien darlegte.“[101]

3. Die Dialektik nach der *Juche*-Philosophie

An dieser Stelle sei darauf hingewiesen, dass sich die *Juche*-Philosophie eigentlich nicht ausführlich mit dem Materialismus und der Dialektik beschäftigt. Das mag damit zu tun haben, dass man nach der *Juche*-Philosophie bei den Menschen nicht den Eindruck erwecken darf, über wirklichkeitsfremde philosophische Fragen zu diskutieren.[102] Wenn man dies doch tut, dann nur da, wo Klärungsbedarf nötig sei.

Kim Jong Il macht allerdings deutlich, dass dies nicht so zu verstehen sei, dass die *Juche*-Ideologie die materialistische Dialektik für ungeeignet zur Erklärung historischer Entwicklungen hält oder weiterentwickelt habe. Vielmehr geht es

[100] Kim Jong Il, Die Juche-Philosophie ist eine schöpferische, revolutionäre Philosophie, Pyongyang 1997, S. 1

[101] Ebenda

[102] Vgl. ebenda, S. 1 ff.

um eine undogmatische Anwendung der materialistischen Dialektik: „Unsere Partei verhielt sich freilich nicht dogmatisch zur materialistischen Dialektik des Marxismus, sondern studierte und analysierte sie von unserem Standpunkt aus und fügte einer Reihe von Fragen faktisch Neudeutungen hinzu. Das bedeutet jedoch nicht, dass eine bestimmte, davon motivierte Weiterentwicklung des Materialismus und der Dialektik der Hauptinhalt der *Juche*-Philosophie wäre.“[103] Nach Kim Jong Il beinhaltet die Dialektik „hauptsächlich den Grundsatz von Einheit und Kampf der Gegensätze.“[104] Dieses Gesetz müsse, so Kim Jong Il, richtig verstanden werden. Er hält dieses Gesetz offenbar für zeitbedingt.[105] Demnach ist es ebenfalls - wie die anderen marxistisch-leninistischen Theorien - vom Standpunkt der revolutionären Praxis aus geschichtlich zu betrachten: „In der materialistischen Dialektik des Marxismus wurde das Gesetz von Einheit und Kampf der Gegensätze für wichtig gehalten, weil es damals als wichtige historische Aufgabe galt, die sozialen und ökonomischen Widersprüche der kapitalistischen Gesellschaft und das Gesetz des Klassenkampfes philosophisch zu klären. Deswegen sind dem von der marxistischen Philosophie erhellten Grundsatz von Einheit und Kampf der Gegensätze meines Erachtens heutzutage viele unvernünftige Aspekte bei der Erklärung der Gesetzmäßigkeiten der Entwicklung der sozialistischen Gesellschaft eigen. Aus diesem Grunde haben wir bei der Entfaltung der Theorie der *Juche*-Philosophie diesen Grundsatz kaum erwähnt.“[106] In diesen Ausführungen wird deutlich, dass die *Juche*-Ideologie der Dialektik - und überhaupt dem Dialektischen Materialismus - nicht das Gewicht beimisst, wie dies im Marxismus-Leninismus der Fall ist, in dem die Widersprüche in der Materie zu den treibenden Kräften werden, bis sich schließlich der Umschlag der Quantität in eine neue Qualität vollzieht. Friedrich Engels hatte dieses „Gesetz vom Umschlag der Quantität in eine neue Qualität“ einst am Beispiel des Eises erklärt, dass durch Erhitzen seinen Aggregatzustand (in flüssiges Wasser) ändert und beim Kochen erneut in eine neue Qualität bzw. einen neuen Aggregatzustand (Dampf) übergeht. Ebenso würden in der Gesellschaft die Widersprüche (z.B. zwischen Kapitalisten und Proletariern) immer weiter

---

[103] Vgl. ebenda

[104] Kim Jong Il: „Zum richtigen Auffassen und Verstehen der Juche-Philosophie“, in: Kim Jong Il, Ausgewählte Werke, Bd. 10, Pyongyang 1999, S. 314

[105] Vgl. ebenda

[106] Ebenda, S. 315

zunehmen, bis diese Widersprüche schließlich durch eine Änderung der Produktionsverhältnisse in eine neue Gesellschaftsformation umschlagen. Eine solche Übertragung von Naturgesetzen aus der unbelebten Natur auf die menschliche Gesellschaft wird jedoch von der *Juche*-Philosophie aufgrund ihres Menschenbildes abgelehnt.

4. Der Materialismus der *Juche*-Ideologie

Kim Jong Il erkennt zwar an, dass die materielle Welt den Naturgesetzen gehorcht und es nicht wissenschaftlich sei, dem Mystizismus zu huldigen und andere Mächte für das Schicksal des Menschen verantwortlich zu machen: „Die materialistische Dialektik hat aber bereits erkannt, dass die Welt nicht aus ideellen Faktoren besteht oder aus dem Bewusstsein hervorgeht, sondern sich allein aus Materie zusammensetzt, dass sie sich nicht durch irgendwelche übernatürlichen Kräfte, sondern nach objektiven Gesetzen bewegt, verändert und entwickelt. Es ist eine unwiderlegbare Tatsache, dass die Welt ihrem Wesen nach Materie ist, dass sich die Einheit der Welt in ihrer Materialität darstellt und sie sich nach objektiven Gesetzen bewegt, verändert und entwickelt.“[107]

Kim Jong Il ist die „materialistisch-dialektische Auffassung, dass die Welt aus Materie besteht, sich ständig verändert und entwickelt .. eine wichtige Voraussetzung für die *Juche*-Ideologie, denn wenn die Welt als unveränderlich und starr aufgefasst wird, kann der Mensch sie nicht umgestalten.[108] Kim Jong Il spricht in diesem Zusammenhang vom „Standpunkt der Metaphysik“ - wohlweislich nicht von dem der Religion. Es kann daraus gefolgert werden, dass somit nicht jede Religion im Widerspruch zur *Juche*-Ideologie steht, sondern nur solche Auffassungen, die von einer göttlichen Prädestination ausgehen bzw. die das Schicksal als von Gott vorherbestimmt bzw. festgelegt betrachten und dem Menschen einen freien Willen absprechen, denn dann ist es dem Menschen logischerweise nicht mehr möglich, Herr über sein eigenes Schicksal zu sein und die Welt umzugestalten. Den Publikationen v.a. US-

[107] Kim Jong Il: Einige Probleme zum Verständnis der Juche-Philosophie 1974, S. 3
[108] Vgl. ebenda, S. 5

amerikanischer evangelikaler Kreise, die Nordkorea der Christenverfolgung beschuldigen, steht das Urteil des Erzpriesters des Moskauer Patriarchats, Nikolai Balaschow, der Kim Jong Il nach seinem Tod als „Freund der Orthodoxie" würdigte, entgegen.[109] So war auf Initiative Kim Jong Ils in Pyongyang eine russisch-orthodoxe Kirche gegründet worden. Es gibt ein „nordkoreanisches orthodoxes Komitee" und es wurden Priester in Russland ausgebildet, die in Pyongyang ihre Arbeit aufnahmen.[110] Kim Jong Il äußerte sich dahingehend, dass „man bei uns niemals gegen die Religion"[111] war.

Mit den dargelegten Ausführungen ist für die *Juche*-Philosophie aber auch schon alles Wesentliche dazu gesagt. Aus den Schriften Kim Jong Ils geht sogar hervor, dass man Schaden zu befürchten habe, wenn man vor den Menschen über wirklichkeitsfremde philosophische Fragen spricht.[112] Die Konstruktion eines „wissenschaftlichen Atheismus" bzw. die Verlagerung der materialistischen Geschichtsauffassung in den Kosmos, um mit dem Materialismus und der Dialektik den Geheimnissen des Universums auf die Spuren zu kommen, ist ganz offenbar für eine Weltanschauung wie die *Juche*-Philosophie, die den Bezug zur Praxis betont, weltfremd und auch nutzlos, weil die Gesetze der unbelebten Materie ohnehin nicht auf die menschliche Gesellschaft übertragen werden können. Das Interesse an diesen Fragen, die zur Konstruktion des Dialektischen Materialismus (DIAMAT) führte, wird zum einen als zeitbedingt gesehen, der DIAMAT zum anderen als fehlerhaft bezeichnet und eigentlich als nutzlos angesehen. Wenn Kim Jong Il im Zusammenhang mit dem dialektischen „Gesetz des Umschlags von der Quantität in eine Qualität" erwähnt, dass man bei der Entwicklung der *Juche*-Philosophie bewusst darüber geschwiegen habe, so spricht das Schweigen der *Juche*-Ideologie über den DIAMAT eigentlich Bände. Was ist nun der Materialismus der *Juche*-Philosophie? Kim Jong Il zufolge ist es eine Tatsache, „dass sich die Welt aus Materie zusammensetzt und sich durch deren

[109] Vgl. „Moskauer Patriarchat: Kim Jong Il war Freund der Orthodoxie", http://de.bogoslov.ru/text/2319114/index.html

[110] Vgl. ebenda oder auch https://www.kathpress.at/goto/meldung/426491/moskauer-patriarchat-kim-jong-il-war-freund-der-orthodoxie

[111] Kim Jong Il: , in: „Über einige Aufgaben in der ideologischen Erziehungsarbeit der Partei", in: Kim Jong Il, Ausgewählte Werke, Bd. 10, Pyongyang 1999, S. 35

[112] Vgl. Kim Jong Il: „Zum richtigen Auffassen und Verstehen der Juche-Philosophie", in: Kim Jong Il, Ausgewählte Werke, Bd. 10, Pyongyang 1999, S. 315

Bewegung ändert und entwickelt."[113] Nun kommt es Kim Jong Il zufolge „darauf an, die wesentliche Eigenschaften des Menschen richtig zu verstehen."[114] Die materialistische Basis ist, dass „das gesellschaftliche Sein" das Bewusstsein bestimmt. Der Mensch wird zwar in gewisse Verhältnisse hineingeboren, hat allerdings „die Kraft .., die Natur und die Gesellschaft umzugestalten."[115]

IV. Die anthropologische Grundlage der *Juche*-Philosophie

1. Die Bedeutung der anthropologischen Grundlegung nach dem Selbstverständnis der *Juche*-Ideologie

Den wirklichen historischen Verdienst der *Juche*-Philosophie sieht Kim Jong Il „nicht in der Weiterentwicklung der materialistischen Dialektik des Marxismus, sondern darin, dass sie neue anthropozentrische philosophische Grundprinzipien darlegte."[116] Die *Juche*-Ideologie hat ihrem Selbstverständnis nach „die Fragen neu beantwortet, wer Herr der Welt ist und worin die Kraft besteht, die es vermag, die Welt umzugestalten. Sie hat erstmals solche Auffassungen von der Welt dargelegt, dass Natur und Gesellschaft von den Menschen beherrscht und verändert werden, wodurch die Aufgaben unserer Epoche im Bereich der Philosophie, in der die Volksmassen als Herren ihrer eigenen Geschicke und der Geschichte aufgetreten sind, hervorragend erfüllt werden konnten."[117] Kim Jong Il geht sogar noch weiter: „Die *Juche*-Philosophie hat erstmalig in der Geschichte die wesentlichen Eigenschaften des Menschen wissenschaftlich ergründet und, davon ausgehend, ihn als das überlegenste und stärkste Wesen in der Welt herausgehoben sowie eine neue Sicht der Welt dargelegt, wonach die Welt dem Menschen unterworfen ist und von ihm umgestaltet wird."[118] Es sind dem Selbstverständnis der *Juche*-Ideologie nach diese neuen anthropologischen Ansätze, die das Wesen der

---

[113] Kim Jong Il, Uber die Juche-Ideologie, S. 11

[114] Ebenda

[115] Ebenda

[116] Kim Jong Il, Die Juche-Philosophie ist eine schöpferische revolutionäre Philosophie 1997, S. 3 f.

[117] Kim Jong Il: Einige Probleme zum Verständnis der Juche-Philosophie 1974, S. 3

Juche-Philosophie als eine schöpferische, revolutionäre Philosophie ausmachen. Wir haben bereits gesehen, dass nach der *Juche*-Ideologie in jeder Epoche eine andere philosophische Frage im Zentrum der Aufmerksamkeit steht. Ihrem Selbstverständnis nach hat die *Juche*-Philosophie die Grundfrage der Philosophie unseres Zeitalters erkannt und darauf ihr Gedankengebäude errichtet. In unserer Epoche ist Kim Jong Il zufolge die Grundfrage der Philosophie, die zur Zeit von Karl Marx noch die „Frage nach dem Ursprung der Welt“ war, nunmehr „die Frage nach der Stellung und Rolle des Menschen in der Welt.“[119] Es ist daher unverzichtbar, sich etwas näher mit der Vorstellung der *Juche*-Idee vom Wesen des Menschen zu beschäftigen.

2. Die besondere Stellung des Menschen – der Mensch als Herr über alles

Nach Kim Jong Il liegen die historischen Verdienste der *Juche*-Philosophie darin, „dass sie neue anthropozentrische philosophische Grundprinzipien darlegte“[120] Im Zentrum der *Juche*-Philosophie steht der Mensch.[121] Dies wird als das philosophische Grundprinzip der *Juche* angesehen: „Die *Juche*-Ideologie ist eine neue philosophische Idee, in der der Mensch im Mittelpunkt steht. Wie Kim Il Sung erklärt hat, beruht die *Juche*-Ideologie auf dem philosophischen Grundsatz, dass der Mensch Herr über alles ist und alles entscheidet. Diese Lehre beantwortet die Grundfrage der Philosophie, in deren Mittelpunkt der Mensch steht, und beleuchtet das philosophische Prinzip, dass der Mensch Herr über alles ist und alles entscheidet. Der Mensch ist Herr über alles – das bedeutet, dass der Mensch Herr der Welt und seines eigenen Schicksals ist. Der Mensch entscheidet alles – das besagt, dass der Mensch bei der Umgestaltung der Welt und bei der Gestaltung seines eigenen Schicksals

---

[118] Kim Jong Il: Die Juche-Philosophie ist eine schöpferische revolutionäre Philosophie 1997, S. 4

[119] Ebenda

[120] Ebenda, S. 1 f.

[121] Vgl. Kim Jong Il: „Einige Fragen über die ideologischen Grundlagen des Sozialismus“, in: Kim Jong Il, Ausgewählte Werke Bd. 10, Verlag für fremdsprachige Literatur, Pyongyang Juche 88 (1999), S. 95

die entscheidende Rolle spielt. Das philosophische Grundprinzip der *Juche*-Ideologie sieht den Menschen im Mittelpunkt und bestimmt danach Stellung und Rolle des Menschen in der Welt.“[122] Der Mensch ist das höchste Produkt der Materie.[123] Doch als ein solches Wesen ist er nicht einfach den Naturgesetzen ausgeliefert, sondern er kann die Naturgesetze erkennen und sich ihrer bedienen, um sich die Welt letztlich dienstbar zu machen und sie zu unterwerfen. Kim Jong Il formuliert dies wie folgt: „Der Mensch ist natürlich auch ein materielles Wesen, aber nicht ein einfaches, sondern das höchst entwickelte, ein besonderes Produkt der Entwicklung der materiellen Welt. Als sich der Mensch aus dem Tierreich löste, trat er bereits als besonderes Wesen auf. Während alle andere lebende Materie zur objektiven Welt gehört, sich ihr anpasst und so ihre Existenz erhält, lebt und entwickelt sich der Mensch, indem er die Welt erkennt, verändert und sie sich dienstbar macht.“[124] Erst durch die Untersuchung der wesentlichen Eigenschaften des Menschen, die ihn von anderen Lebewesen unterscheiden, kann dies richtig erkannt und begründet werden.[125]

3. Die Attribute des Menschen

Die *Juche*-Philosophie nimmt für sich in Anspruch, zum ersten Mal in der Geschichte die wesentlichen Eigenschaften des Menschen wissenschaftlich erklärt zu haben.[126] Auf diesen Erkenntnissen sei die neue Weltanschauung, die *Juche*-Ideologie, aufgebaut. Es war der *Juche*-Philosophie zufolge Kim Il Sung, der „diese wesentlichen Eigenschaften des Menschen ergründet und somit eine neue philosophische Definition über den Menschen gegeben“[127] habe. In seiner Abhandlung „Über die *Juche*-Ideologie“ hat Kim Jong Il die

[122] Kim Jong Il, Über die Juche-Ideologie, S. 8 f.
[123] Ebenda, S. 64
[124] Ebenda, S. 9
[125] Vgl. ebenda
[126] Vgl. Dr. Kim Ryong Jin: „Der philosophische Grundsatz der Juche-Philosophie“, in: „Das Banner der Souveränität beleuchtet den Weg der Menschheit“, 2., verbesserte Aufl., Verlag für fremdsprachige Literatur, Pyongyang 2017 S. 13
[127] Vgl. Kim Jong Il, Über die Juche, S. 9

Reden und Schriften Kim Il Sungs gewissermaßen zusammengefasst. Kim Il Sung hat in seiner „Lehre von den Attributen des Menschen" folgende Eigenschaften formuliert: Souveränität (Dschadschusong), Bewusstsein (Ùisiksòng) und Schöpfertum (Changdschosòng).[128] Diese Attribute sind gesellschaftliche Attribute des Menschen, die sich historisch herausbilden und entwickeln. Es sind die sozialen Attribute eines in der Welt einzigartigen Wesens.[129]

Durch diese Betrachtungsweise ist es nicht möglich, bei der sozialgeschichtlichen Entwicklung der menschlichen Gesellschaft an einen am Naturgesetzen orientierten Ablauf zu denken: „Wenn der Mensch nicht als ein gesellschaftliches Wesen, dem Souveränität, Schöpfertum und Bewusstheit eigen sind, angesehen wird, sondern als ein Teil der Welt, die durch die Materie zu einem Ganzen verbunden sind, betrachtet wird und die allgemeinen Bewegungsgesetze der materiellen Welt originalgetreu auf Gesellschaft und Geschichte angewandt werden, ist es erforderlich, die sozialhistorische Bewegung als einen Prozess der Naturgeschichte anzusehen."[130]

Die Souveränität bzw. das *Dschadschusong*[131] wird bei den wesentlichen Eigenschaften des Menschen nicht zufällig an erster Stelle genannt. Sie wird zum zentralen Begriff der *Juche*-Philosophie. Kim Jong Il definiert den Menschen wie folgt: „Der Mensch ist ein selbstständiges gesellschaftliches Wesen, dem die Souveränität eigen ist."[132] Er fährt wie folgt fort: „Die Souveränität ist die Eigenschaft des Menschen in der Gesellschaft, der gewillt ist, als Herr der Welt und seines Schicksals souverän zu leben und sich zu entwickeln. So bezwingt er die Natur, tritt gegen jedwede gesellschaftliche Unterjochung auf und stellt alles in seinen Dienst. Die Souveränität ist für den Menschen als gesellschaftliches Wesen der Lebensnerv. Das bedeutet, dass er ein gesellschaftliches und politisches Leben führt. Außer seinem organischen

---

[128] Vgl. ebenda

[129] Vgl. Dr. Kim Ryong Jin: „Der philosophische Grundsatz der Juche-Philosophie", in: „Das Banner der Souveränität beleuchtet den Weg der Menschheit", 2., verbesserte Aufl., Verlag für fremdsprachige Literatur, Pyongyang 2017, S. 10

[130] Kim Jong Il, Die Juche-Philosophie ist eine schöpferische, revolutionäre Philosophie, S. 7

[131] In neueren Schriften aus dem Verlag für fremdsprachige Literatur, Pyongyang, wird das Wort *Dschdschusong* mit „Souveränität" übersetzt.

[132] Kim Jong Il, Über die Juche-Ideologie, S. 9

Leben hat der Mensch ein gesellschaftliches und politisches Leben. Wenn das organische Leben das Leben des Menschen als biologischer Organismus ist, so ist sein politisches und gesellschaftliches Leben das Leben des Menschen als gesellschaftliches Wesen.“[133]

Die Souveränität ist der *Juche*-Philosophie zufolge die Basis der Menschenwürde.[134] Der Mensch als Herr der Welt muss sein eigenes Schicksal formen. Ein Mensch, der von einem anderen abhängig ist, ist demnach ein Lakai, und wenn er sich unterwirft, ist er demzufolge würdelos.

Auf die Bedeutung des Bewusstseins des Menschen weist Kim Il Sung wie folgt hin: „Alle Handlungen des Menschen werden durch sein Bewusstsein bestimmt. Der Mensch, der ein selbständiges Bewusstsein hat, passt sich nicht blind der Umwelt an, sondern gestaltet sie zweckentsprechend und in Übereinstimmung mit seinen Wünschen und Bedürfnissen.“[135]

Die Eigenschaft des Schöpfertums ermöglicht es dem Menschen nach Kim Il Sung, die Welt zielbewusst zu gestalten. „Diese Eigenschaft befähigt“ den Menschen „dazu, Altes zu verändern, Neues zu schaffen und sich dadurch die Natur und die Gesellschaft immer nutzbarer, verwertbarer zu machen.“[136]

Nach Kim Jong Il sind die drei dargestellten Attribute die „gesellschaftlichen Attribute des Menschen, die sich historisch herausbilden und entwickeln.“[137] Dies soll im Folgenden näher erläutert werden.

4. Das *Dschadschusong* als Kern der *Juche*-Ideologie

Wer sich heute in die Schriften der „Klassiker“ der *Juche*-Ideologie aus dem *Verlag für fremdsprachige Literatur Pyongyang* vertieft, wird des Öfteren auf den Begriff des *Dschadschusong* stoßen, der in manchen Auflagen nicht übersetzt, in anderen Ausgaben des gleichen Werkes allerdings mit

[133] Ebenda, S. 10
[134] Kim Jong Il, Der Sozialismus ist eine Wissenschaft 1994, S. 14 ff.
[135] Kim Jong Il, Über die Juche-Ideologie. S. 9
[136] Ebenda, S. 10
[137] Ebenda, S. 9

„Souveränität“ übersetzt wird. Das hat damit zu tun, dass die Übersetzung des Begriffs *Dschadschusong* mit „Souveränität“ als unzureichend erachtet wird. Dieses *Dschadschusong* ist für die *Juche*-Philosophie von ausschlaggebender Bedeutung, es steht gewissermaßen im Zentrum der *Juche*-Philosophie. Die ganze Geschichte des Menschen wird in der *Juche*-Ideologie letztlich als Kampf zur Durchsetzung des *Dschadschusong* interpretiert. (Vgl. Kapitel VI.) So ist das richtige Verständnis des *Dschadschusong* die Voraussetzung für das Verstehen der *Juche*-Ideologie überhaupt. Deshalb soll das *Dschadschusong* im Folgenden detailliert erklärt werden.

Der menschliche Organismus ist als Resultat der evolutionären Entwicklung anzusehen. Durch die hohe Entwicklung seines Organismus verfügt der Mensch über die einzigartigen Fähigkeiten des Denkens und Arbeitens. Dem Menschen sind – wie dem Tier – Instinkte angeboren. Es ist auch eine physische Notwendigkeit des Menschen, seinen Organismus aufrechterhalten zu müssen. Es gibt einen grundlegenden Unterschied zwischen der Natur und den biologischen und gesellschaftlichen Attributen des Menschen. Im Gegensatz zu diesen instinktiven Eigenschaften hat die *Juche*-Philosophie Attribute des Menschen herausgearbeitet, die sich daraus ergeben, dass der Mensch ein gesellschaftliches Wesen ist.[138] Die bedeutendste Eigenschaft des Menschen entspringt einer sozialhistorischen Kategorie. Es gibt Eigenschaften des Menschen, die sich erst daraus ergeben und entwickeln, dass der Mensch ein gesellschaftliches Wesen ist. Durch das Leben in der menschlichen Gesellschaft macht der Mensch im täglichen Leben und insbesondere bei seiner Arbeit Erfahrungen der Unterordnung und Abhängigkeit. So kann sich der Wille und das Streben, souverän leben zu wollen, das *Dschadschusong*, entwickeln.[139] Dieses *Dschadschusong* ist somit die Eigenschaft des in der Gesellschaft lebenden Menschen, der den Willen entwickelt hat, als Herr der Welt und seines Schicksals souverän leben zu wollen. So kann er (oder sie) die Natur bezwingen, gegen jedwede gesellschaftliche Unterordnung auftreten und alles in seinen Dienst stellen.[140] Dass es sich um eine sozialhistorische Kategorie handelt, wird in den Ausführungen Kim Jong Ils deutlich, dass „die Menschen … erst wenn sie sich von der sozialen Abhängigkeit, von den Fesseln der Natur, der überlebten Ideologie und Kultur befreit haben, die

[138] Vgl. Kim Jong Il, Über die Juche-Ideologie, S. 10 ff.

[139] Vgl. Kim Jong Il, Der Sozialismus ist eine Wissenschaft 1994, S. 14 ff.

[140] Vgl. ebenda

Souveränität vollständig durchsetzen“[141] können. Sie können dann die Eigenschaft des *Dschadschusong*, souverän leben zu wollen, verwirklichen. Man muss in der *Juche*-Philosophie zwischen dem individuellen und dem kollektiven *Dschadschusong* unterscheiden. Beim kollektiven *Dschadschusong* handelt es sich um den Willen und das Streben einer Nation, souverän – ohne Fremdbestimmung – leben zu wollen.

Der Begriff des *Dschadschusong* hat nicht nur für das Menschenbild der *Juche*-Philosophie eine große Bedeutung, bei dem *Dschadschusong* handelt es sich vielmehr um den Kern der *Juche*-Ideologie überhaupt. Es ist dieses menschliche Attribut, souverän leben zu wollen, das sich sozialhistorisch entwickelt und letztlich die Geschichte der Menschheit zu einem Kampf für die Durchsetzung des *Dschadschusong* macht. So wird deutlich, dass das Resultat der Untersuchungen der anthropologischen Eigenschaften des Menschen die sozialhistorische Kategorie des *Dschadschusong* zum Vorschein brachte. Der Wille des Menschen, souverän leben zu wollen, der nicht angeboren ist, ist nach der *Juche*-Philosophie der entscheidende Antrieb für den Menschen, sein eigenes Schicksal in die Hand zu nehmen und gegen jede Form der Unterjochung und Ausbeutung zu kämpfen. Eine einfache Übertragung und Anwendung der Naturgesetze in der menschlichen Gesellschaft und Geschichte sind der *Juche*-Philosophie zufolge unzulässig.[142] Daher folgt daraus auch, dass sich - aufgrund der Differenzen im Menschenbild zwischen dem Marxismus und der *Juche*-Philosophie - die *Juche*-Ideologie zu einer neuen Ideologie entwickelte. Kim Jong Il macht darauf aufmerksam, dass „die Geschichte der gesellschaftlichen Entwicklung .. als Entwicklungsgeschichte der Souveränität, des Schöpfertums und der Bewusstheit des Menschen“[143] zu verstehen ist. Diese menschlichen Eigenschaften bilden sich demnach als gesellschaftliche Attribute sozialgeschichtlich heraus und entwickeln sich, was darauf beruht, dass der Mensch ein gesellschaftliches Wesen ist.[144]

Die *Juche*-Ideologie ist somit eine anthropozentrische Ideologie, während der Marxismus-Leninismus als materialistische Weltanschauung anzusehen ist.

---

[141] Vgl. Kim Jong Il, Über die Juche-Ideologie, Seite 22. In früheren Auflagen wurde hier der Begriff *Dschadschusong* noch nicht mit *Souveränität* übersetzt.

[142] Vgl. ebenda, S. 14

[143] Ebenda, S. 11 f.

[144] Vgl. ebenda, S. 12

Indem die *Juche*-Ideologie auf ihre Art und Weise ihr Menschenbild entwickelt, sprengt sie den Rahmen der marxistisch-Ideologie bzw. verlässt ihn. Kim Jong Il zufolge ist es daher ein Fehler und nicht zulässig, die *Juche*-Philosophie von der Warte des Marxismus-Leninismus aus verstehen und interpretieren zu wollen: „Es ist ein Ausdruck der Abweichung, dass die *Juche*-Philosophie im Rahmen der materialistischen Dialektik des Marxismus interpretiert wird, und nichts weiter als eine Rechtfertigung einer falschen evolutionären Betrachtungsweise, wonach die wesentlichen Eigenschaften des Menschen als Entwicklung und Vervollkommnung der biologischen Eigenschaften verstanden werden.“[145] So wird die *Juche*-Ideologie zu einer „neue(n) Philosophie mit eigenem System und Inhalt“[146] erklärt. Es ist daher unbedingt notwendig zu verstehen, „dass die *Juche*-Philosophie eine neue schöpferische und revolutionäre Philosophie ist.“[147] Man muss sich demnach mit der vorangegangen marxistisch-leninistischen Philosophie beschäftigen, deren fortschrittliche und positive Seiten verdeutlichen, zugleich aber deren Begrenztheit und Unausgereiftheit darstellen. Immer wieder fordert Kim Jong Il, dass man deutlich machen muss, dass es sich um keine bloße Weiterentwicklung des Marxismus handelt: „Wir haben klarzumachen, dass die *Juche*-Philosophie eine neue revolutionäre Philosophie ist, dürfen uns aber keineswegs einfach darauf beschränken, dass sie die vorangegangene Philosophie bloß weiterentwickelt hätte.“[148]

V. Die Souveränität als zentraler Begriff der *Juche*-Philosophie

1. Die Verwirklichung der individuellen und kollektiven Souveränität

Es wurde bereits darauf eingegangen, dass im Mittelpunkt der *Juche*-Philosophie das *Dschadschusong* steht, das mit *Souveränität* nur unzureichend übersetzt ist. Wir haben gesehen, dass das *Dschadschusong* eine sozialhistorische Kategorie ist – eine Eigenschaft des Menschen, die sich

[145] Ebenda, S. 12
[146] Ebenda, S. 13
[147] Ebenda, S. 16
[148] Ebenda, S. 15

daraus ergibt, dass der Mensch ein gesellschaftliches Wesen ist. Kim Jong Il definiert den Menschen als „ein selbständiges gesellschaftliches Wesen, dem die Souveränität eigen ist.“[149] Im gesellschaftlichen Leben macht der Mensch durch die vorgefundenen Machtverhältnisse, v.a. im Produktionsprozess, Erfahrungen wie Demütigungen, Unterdrückung usw., woraus im Verlauf der Zeit (aber nicht zwangsläufig) sein (bzw. ihr) Wille entsteht, souverän leben zu wollen. Die Souveränität ist demnach ein Attribut des Menschen, das sich historisch herausbildet und entwickelt. Sie ist die Basis der Menschenwürde. Die sozialhistorisch hergeleitete menschliche Eigenschaft des *Dschadschusong* mündet in einen Kampf des Menschen um die Durchsetzung der Souveränität.

Der Mensch wird in der *Juche*-Philosophie als ein selbständiges gesellschaftliches Wesen definiert.[150] Diese Selbständigkeit gewinnt in der *Juche*-Ideologie eine besondere Bedeutung, die Souveränität wird in der *Juche*-Philosophie zum zentralen Begriff. Diese Souveränität muss sich demnach auf mehreren Ebenen verwirklichen – auf der individuellen Ebene, auf der Ebene der Volksmassen bzw. auf gesellschaftlicher Ebene und auch auf der Ebene der Nationalstaaten. Diese Souveränität erfordert Kim Jong Il zufolge „von jeder Form der Unterjochung befreit zu sein und souverän zu leben sowie sich zu entwickeln. Die Souveränität ist für den Menschen das Wertvollste, es bedeutet ein gesellschaftliches und politisches Leben ... Die Verwirklichung dieser Souveränität ist eine Voraussetzung dafür, allen wesentlichen Forderungen des Menschen nachzukommen.“[151]

Auf kollektiver Ebene erklärt die *Juche*-Philosophie die ganze Geschichte der Menschheit als einen Kampf um die Verwirklichung der Souveränität der Volksmassen, die Volksmassen sind das Subjekt der Geschichte. Dies wird im Kapitel VI. über die Gesellschafts- und Geschichtsauffassung der *Juche*-Ideologie behandelt. Die Souveränität lässt sich nach der *Juche*-Philosophie nur im Sozialismus realisieren: „Die souveränen Forderungen und das Ideal der Volksmassen können nur in der sozialistischen Gesellschaft richtig verwirklicht werden.“[152] Wenden wir uns nun den Kampf um Souveränität auf

[149] Ebenda, S. 9
[150] Vgl. ebenda
[151] Ebenda
[152] Kim Jong Un, Rechenschaftsbericht des ZK der PdAK an den VII. Parteitag 2016, S. 74

nationalstaatlicher Ebene zu.

2. Die Souveränität der Nationalstaaten
2.1. Die Leitprinzipien

In seiner Rede „Über den Kampf des koreanischen Volkes um die Durchsetzung der *Juche*-Ideologie“ forderte Kim Il Sung „die Verwirklichung der Souveränität in der ganzen Welt. Das bedeutet, einfach ausgedrückt, dass alle Länder der Welt unentwegt den Weg der Souveränität beschreiten, ohne von irgendeiner Großmacht oder einer vormachtstrebenden Kraft abhängig zu sein und sich ihnen zu unterwerfen … Die Souveränität muss .. in der ganzen Welt verwirklicht werden...“[153] Dabei kommt es ihm auch darauf an, „die Souveränität in Europa zu verwirklichen, wo die entwickelten Industrieländer konzentriert sind“, was für ihn bedeutet, „nicht mehr blindlings der Politik der USA“ zu folgen.[154] Kim Il Sung hat zur Durchsetzung der Souveränität auf nationalstaatlicher Ebene folgende Leitprinzipien dargelegt, die konsequent eingehalten werden müssen: Die Eigenständigkeit in der Ideologie, Souveränität in der Politik, Selbstständigkeit in der Wirtschaft und die Selbstverteidigung zum Schutz des Landes. Damit soll die Souveränität in den Bereichen Ideologie, Politik, Wirtschaft und in der Landesverteidigung erreicht und bewahrt werden.[155] Die weltanschauliche Eigenständigkeit wird dabei als Voraussetzung dafür gesehen, um in den anderen Bereichen die Selbständigkeit zu erlangen. Bewahrung der Eigenständigkeit heißt, zuerst die realen Verhältnissen des jeweiligen Landes zu analysieren und nicht etwas zu kopieren, was unter anderen Umständen - möglicherweise zu einer anderen Zeit und unter völlig anderen Bedingungen - entstanden ist. Das bedeutet eine Absage an jede Form des Dogmatismus und die Bezugnahme auf die Praxis. Man muss stattdessen die Geschichte und Kultur des Landes sowie die Traditionen des Volkes berücksichtigen. Das geht Kim Jong Il zufolge nicht ohne einen gewissen Nationalstolz: „Die Verwirklichung der Eigenständigkeit

---

[153] Kim Il Sung, „Über den Kampf des koreanischen Volkes um die Durchsetzung der Juche-Ideologie“, in: Kim Il Sung Werke, Band 38, Pyongyang 1994, S. 105

[154] Ebenda, S. 106

[155] Vgl. dazu und den folgenden Ausführungen: Kim Jong Il, Über die Juche-Ideologie, S. 32 ff.

in der Ideologie setzt hohen Nationalstolz und hohe revolutionäre Würde voraus. Fehlt es an Stolz darauf, dass die eigene Nation keineswegs den anderen nachsteht, und fehlt es an Würde und Selbstachtung, ein Volk zu sein, das die Revolution vollbringt, ist es undenkbar, nach klarem eigenem Vermögen ein souveränes Leben zu gestalten, die nationale Unabhängigkeit und Würde zu verteidigen und im harten revolutionären Kampf zu siegen. Eine Nation mit starkem Nationalstolz und hoher revolutionärer Würde ist unbesiegbar, andernfalls ist sie machtlos. Für das Volk eines kleinen Landes, das andere lange Zeit unterdrückt haben, ist es dringender denn je notwendig, von großem Nationalstolz und hoher revolutionärer Würde erfüllt zu sein. Die kleinen Länder, in denen infolge der Machenschaften der Imperialisten zur kolonialen Assimilation und ihrer auf die Erdrosselung der Nationalkultur gerichteten Politik nach wie vor nationaler Nihilismus und Kriechertum tief verwurzelt sind, sollten sich ganz besonders für Nationalstolz und revolutionäre Würde einsetzen.“[156] Es wird auch als notwendig erachtet, dass das ganze Volk von einer einheitlichen Ideologie durchdrungen ist.[157] Weiterhin soll das „Kriechertum“, das in der Verherrlichung großer Nationen gipfelt und die eigene Nation herabwürdigt, bekämpft werden. Kim Jong Il führt dabei Südkorea als abschreckendes Beispiel an: „Die Schädlichkeit der Katzbuckelei vor dem USA-Imperialismus wirkt sich gegenwärtig in Südkorea besonders krass aus. Diese Gedanken der Unterwürfigkeit, die die imperialistischen USA-Aggressoren und deren Lakaien verbreiten, sind das verheerendste ideologische Gift, das das National- und Klassenbewusstsein der Südkoreaner paralysiert und das wertvolle Kulturerbe und die schönen Bräuche unserer Nation zersetzt. Ohne die verstärkte Bekämpfung der unter der südkoreanischen Bevölkerung herrschenden Gedanken der Furcht vor den USA und ihrer Anbetung und ohne das intensivere Ringen um die Erhöhung des nationalen Selbstbewusstseins ist weder der Sieg der südkoreanischen Revolution noch die selbstständige Vereinigung der Heimat denkbar.“[158]

Die Souveränität in der Politik bedeutet die Wahrung der nationalen Unabhängigkeit und der Interessen und Rechte des eigenen Volkes.[159] Für Kim Jong Il ist sie „das entscheidende Kriterium und der Lebensnerv eines

[156] Kim Jong Il, Über die Juche-Ideologie, S. 34

[157] Vgl. ebenda, S. 33

[158] Ebenda, S. 36

[159] Vgl. ebenda

souveränen und unabhängigen Staates. Jede Nation vermag erst dann ihre Unabhängigkeit und Freiheit zu gewährleisten, ihr Wohl und Gedeihen zu sichern, wenn sie die politische Souveränität bewahrt. Der revolutionäre Kampf ist vor allem ein Ringen um die Souveränität in der Politik. Da sich alle Fragen der Revolution und des Aufbaus direkt aus der Politik ableiten, gelangen wir zu dem Schluss, dass das Schicksal der revolutionären Sache schließlich von der politischen Souveränität entschieden wird."[160] Die Souveränität eines Staates kommt der *Juche*-Philosophie zufolge in den Auslandsbeziehungen zum Ausdruck. Grundprinzipien der Souveränität in der Politik sind territoriale Integrität, Achtung der Souveränität, das Unterlassen von Interventionen und Angriffen, die Nichteinmischung in die inneren Angelegenheiten und die Gleichberechtigung. Ein souveränes Land darf auch keineswegs durch Druck erpressbar sein. Kim Jong Il macht deutlich, dass er das Konzept der Souveränität nicht als Widerspruch zum Internationalismus und zur Weltrevolution betrachtet, sondern vielmehr als dessen Voraussetzung: „Souveränität steht keineswegs im Widerspruch zum Internationalismus, sondern ist vielmehr eine Grundlage für dessen Festigung. So wie eine von der Revolution des eigenen Landes getrennte Weltrevolution undenkbar ist, kann es auch keinen Internationalismus geben, der von der Souveränität losgelöst ist. Die internationalistische Geschlossenheit beruht an sich auf Freiwilligkeit und Gleichberechtigung. Sie kann aber erst dann freiwillig, gleichberechtigt, wahrhaftig und stabil sein, wenn sie auf der Souveränität beruht."[161]

Als Voraussetzung für die Durchsetzung der Souveränität wird die Errichtung einer Volksmacht genannt: „All das setzt voraus, die Partei als Vorhut der Revolution zu stabilisieren sowie die Einheit und Geschlossenheit des ganzen Volkes herzustellen, die auf dem Bündnis der Arbeiter und Bauern beruht, dessen Kern die Arbeiterklasse ist. Wichtig ist vor allem, das ganze Volk ehern um die Partei und den Führer zu scharen. Die Partei und das Volk können erst dann unbesiegbare Leistungen vollbringen, in der Revolution und beim Aufbau den Sieg erreichen, wenn sie als politische Kraft zu einer Einheit fest zusammengeschlossen sind. Die Souveränität in der Politik verlangt, mit einer eigenen Leitideologie und nach eigenem Entschluss die Politik festzulegen und durchzusetzen. Die Hauptsache hierbei ist, die Politik zu bestimmen und zu

---

[160] Ebenda, S. 37

[161] Ebenda, S. 38

verwirklichen. Von einer eigenständigen Politik kann erst dann die Rede sein, wenn die gesamte Politik selbstständig ausgearbeitet und durchgesetzt wird. Wer in der Politik den Druck und die Einmischung des anderen zulässt oder nach dessen Kommando handelt, kann keine Prinzipienfestigkeit und Konsequenz bewahren, und schließlich sind Revolution und Aufbau verloren."[162]

Die Selbstständigkeit in der Wirtschaft soll die Gewähr dafür bieten, die Unabhängigkeit des Landes zu bewahren, ein souveränes Leben zu gestalten, die Eigenständigkeit in der Ideologie, die Souveränität in der Politik und die Selbstverteidigung zuverlässig zu sichern und dem Volk ein wohlhabendes Leben zu ermöglichen. Dahinter steht das Prinzip, sich auf die eigenen Kräfte zu verlassen und so die Ressourcen und Potentiale eines Landes zu mobilisieren. Kim Jong Il zufolge bedeutet „das Prinzip, [etwas] aus eigener Kraft zu schaffen, .. nicht, solch eine Wirtschaft hinter verschlossenen Türen zu entwickeln. Das richtet sich gegen die ökonomische Vorherrschaft und Abhängigkeit durch andere Länder, keineswegs aber gegen die internationale wirtschaftliche Zusammenarbeit. Insbesondere die enge wirtschaftliche und technische Zusammenarbeit der sozialistischen und der aufstrebenden Länder spielt eine große Rolle für ihre ökonomische Selbstständigkeit und die Stärkung ihrer Wirtschaftsmacht."[163]
Eine Abhängigkeit von ausländischen Roh- und Brennstoffen wäre gleichbedeutend damit, die Souveränität aufs Spiel zu setzen. Die Souveränität eines Staates kann nach der *Juche*-Philosophie letztlich nur gewährleistet werden, wenn man ökonomisch nicht erpressbar ist. Letztlich bedeutet dies die Forderung nach weitgehender Autarkie. Angesichts des gegenwärtigen Atomstreit werden Sanktionen daher nur eine begrenzte Wirkung erzielen, da das Land stets um eine weitgehende Autarkie bemüht war.

Das Prinzip der Selbstverteidigung durchsetzen bedeutet, dass man in der Lage sein muss, das Land aus eigener Kraft zu schützen. Dabei kann man zwar Hilfe befreundeter Staaten annehmen, „man darf aber nicht von anderen erwarten, dass sie sein eigenes Land verteidigen."[164] Für die Durchsetzung dieses Prinzips

[162] Ebenda, S. 37 f.
[163] Kim Jong Il, Über die Juche-Ideologie, S. 42
[164] Ebenda, S. 44

ist der Aufbau einer schlagkräftigen eigenen Verteidigungsmacht erforderlich, die in der Lage ist, jeden potentiellen Aggressor aus eigener Kraft von einem Angriff auf das Territorium der DVRK abzuhalten.

In seinem Rechenschaftsbericht des ZK der PdAK an den VII. Parteitag am 7.5.2016 machte Kim Jong Un deutlich, dass die Durchsetzung der Souveränität auch weiterhin im Zentrum der Politik der DVRK steht: „Die Verwirklichung der Souveränität in der ganzen Welt ist die Hauptaufgabe, die vor uns steht. Wir sollten zur Realisierung der Souveränität in der Welt aktiv beitragen ... Unsere Partei und die Regierung unserer Republik werden, egal wie sich die Lage ändert und wie sich die Verhältnisse in unserer Umgebung verändern, unverändert auf dem Kurs von Souveränität, Songun und Sozialismus voranschreiten und als Verteidiger der Souveränität und der Gerechtigkeit im Kampf um die Verwirklichung der Souveränität in der Welt die Vorreiterrolle wahrnehmen."[165] Gegenwärtig gebe es Länder, die die Würde und Souveränität ihrer Völker verteidigen wollen, aber auch solche, die vor dem Imperialismus „kriechen" würden.[166] Die Souveränität der Nationalstaaten werde nach der Auflösung des Warschauer Pakts vom Imperialismus bedroht: „Infolge der Aggression und Intervention der USA und der anderen imperialistischen und Vormacht anstrebenden Kräfte wird die Souveränität der Länder und Nationen verletzt und brechen in mehreren Ländern ununterbrochen Kriege und Konflikte aus... Die Verwirklichung der Souveränität in der Welt ist das gemeinsame Streben der Menschheit und die historische Aufgabe der Epoche. Die Welt, in der die Souveränität verwirklicht ist, ist eine Welt ohne Herrschaft, Unterjochung, Aggression und Intervention und eine Welt, in der die Souveränität und die Gleichberechtigung aller Länder und Nationen gesichert sind. Für die Verwirklichung der Souveränität in der Welt müssen alle Länder und Nationen das Banner des Antiimperialismus und der Souveränität hochhalten und die Souveränität wahren. Die Souveränität ist das Leben und die Würde jedes Landes und jeder Nation und das Symbol eines souveränen und unabhängigen Staates. Heute, wo die Imperialisten boshafter denn je versuchen, über andere Länder, Nationen und die Welt zu herrschen, erweist sich die Wahrung der Souveränität als eine lebenswichtige Frage, die

[165] Kim Jong Un, Rechenschaftsbericht des ZK der PdAK an den VII. Parteitag 2016, S. 76

[166] Ebenda, S. 70

das Schicksal jeden Landes und jeder Nation entscheidet. Die nach Souveränität und Gerechtigkeit strebenden Länder und Nationen müssen die Intervention und Herrschaft der äußeren Kräfte bekämpfen und zurückweisen sowie ihr eigenes Schicksal souverän gestalten.“[167]

2.2. Die nationale Komponente der *Juche*-Ideologie

Kim Il Sung forderte, dass *Juche* in allen Bereichen durchzusetzen – in der Ideologie, in der Ökonomie, in der Kultur und Architektur. Die traditionelle koreanische Musik wurde in der Folge ebenso aufgewertet wie der traditionelle koreanische Baustil. Als Resultat daraus erhält der nordkoreanische Sozialismus eine starke nationale Komponente, was für ein sich als sozialistisch bezeichnetes Land ungewöhnlich erscheint. Der Stolz auf eine 5000jährige kulturelle Tradition wird betont. Kim Il Sung machte deutlich, dass „man die Geschichte und die Geographie Koreas, die Sitten und Gebräuche des koreanischen Volkes kennen“ müsse, „um die koreanische Revolution durchzuführen.“ Und er fährt wie folgt fort: „Nur dann wird es möglich sein, unser Volk in seinem Sinne, im Geist der heißen Liebe zur Heimat und zum Vaterland zu erziehen.“[168]

Kim Il Sung sieht keinen Widerspruch zwischen dem Internationalismus der kommunistischen Bewegung und dem Patriotismus, den die *Juche*-Ideologie propagiert: „Ein Kommunist ist ein wahrer Patriot… Außer den Gutsbesitzern, Kompradorenborgeois und reaktionären Beamten in Südkorea ist die absolute Mehrheit der Volksmassen patriotisch gesinnt und liebt unsere Nation und unser Heimatland.“[169] Dazu gehört es auch, das *Juche* in der Philologie zu wahren, d.h. „den nationalen Charakter unserer Sprache [zu] wahren und sie

[167] Kim Jong Un, Rechenschaftsbericht des ZK der PdAK an den VII. Parteitag 2016, S. 71

[168] Kim Il Sung: „Über die Beseitigung des Dogmatismus und des Formalismus sowie über die Durchsetzung des Juche in der ideologischen Arbeit“, in: Kim Il Sung Werke, Bd. 9, Pyongyang 1982, S. 458

[169] Kim Il Sung: Über die Pflege der nationalen Besonderheiten der koreanischen Sprache. Unterredung mit Sprachwissenschaftlern 1966, Pyongyang 2016, S. 3

weiter [zu] fördern."[170] Deshalb sei es notwendig, die Wörter der koreanischen Muttersprache zu verwenden und nicht Wörter chinesischer, japanischer, russischer oder englischer Herkunft. Die Übernahme chinesischer und japanischer Wörter zu Zeiten der chinesischen und japanischen Herrschaft sei „Kriechertum" vor den Herrschern gewesen, das die nationale Ehre und Würde verletzte.[171] Stolz weist Kim Il Sung darauf hin, dass man „es nach der Befreiung verhindert [habe], dass sich das Russische mit unserer Sprache vermengt."[172] Die Entwicklung in Südkorea, wo immer mehr englische, japanische oder chinesische Wörter in die Sprache Eingang finden, betrachtet er mit Sorge: „Das Problem liegt in der Sprache, die man in Südkorea gebraucht. Werfe ich einen Blick in südkoreanische Zeitungen, so sehe ich, dass man dort aufs Geratewohl sogar aus chinesischen Schriften stammende Wörter verwendet, von denen auch die Chinesen keinen Gebrauch machen, ganz zu schweigen davon, dass man Englisch oder Japanisch mit unserer Sprache vermengt ... Die Sprache ist eines der wichtigsten Merkmale einer Nation; die Sprache jedoch, die in Südkorea gebraucht wird, nimmt europäische und japanische Formen an und wird von chinesischen Schriften geprägt, so dass sie nicht einmal unserer Sprache ähnlich ist, und es verschwinden nach und nach ihre nationalen Besonderheiten. Das ist wirklich gefährlich. Wenn wir diesen Zustand weiter dulden, besteht die Gefahr, dass unsere Nationalsprache ausstirbt."[173] Dagegen sei ein entschlossener Kampf zu führen. Die Menschen müssten bei ihrem Nationalstolz und ihrer nationalen Würde gepackt werden, um sich der eigenen koreanischen Sprache zu bedienen. Alle, die Fremdwörter benutzen, müssten für Menschen ohne Nationalstolz gehalten werden.[174] Die Sprache müsse bereinigt werden, fremdsprachliche Wörter müssten ausgetauscht werden. Es müsse ein neues Wörterbuch herausgegeben werden, „um die Menschen dazu anzuhalten, dass sie ständig unsere muttersprachlichen Wörter gebrauchen."[175] Schon in der Schule sei damit zu beginnen, vom ersten Schuljahr an müssten die Schüler die ausgetauschten Wörter lernen. Den Kindern müsse gelehrt werden, dass „sie das falsche Sprechen der Erwachsenen korrigieren können... Und die Älteren

[170] Ebenda
[171] Ebenda, S. 1
[172] Ebenda, S. 2
[173] Ebenda, S. 2 f.
[174] Ebenda, S. 10
[175] Ebenda, S. 8

müssen sich dessen bewusst werden, dass sie in der Vergangenheit die Sprache falsch gelernt … haben; und sie sollten sich darum bemühen, sich unsere Wörter anzueignen und aktiv das Neue mit Leben zu erfüllen.“[176]

VI. Die Gesellschafts- und Geschichtsauffassung der *Juche*-Philosophie

1. Die materialistische Geschichtsauffassung von Karl Marx

Die materialistische Geschichtsauffassung von Karl Marx geht davon aus, dass die Produktionsweise letztlich entscheidend die Gedanken und Interessen der Menschen bestimmt: „Die Produktionsweise des materiellen Lebens bedingt den sozialen, politischen und geistigen Lebensprozess überhaupt. Es ist nicht das Bewusstsein der Menschen, das ihr Sein, sondern umgekehrt ihr gesellschaftliches Sein, das ihr Bewusstsein bestimmt.“[177] Die Produktionsweise, die bei Marx dem „gesellschaftlichen Sein“ entspricht, bildet die „Basis“, auf der sich das Bewusstsein als ein „Überbau“ aufsetzt („Basis-Überbau-Theorem“). Die Art und Weise, wie die Menschen produzieren, manifestiert sich somit nach Marx in gewisser Weise im Bereich des *Überbaus*, zu dem u.a. Religionen, Weltanschauungen, Moral, Recht, Kunst oder auch der Staat gezählt werden. In Klassengesellschaften ist der *Überbau* Marx zufolge nie einheitlich, vielmehr kommen darin die unterschiedlichen Klasseninteressen zum Ausdruck, wobei gilt, dass die herrschenden Ideen einer Zeit stets die Ideen der herrschenden Klassen sind.

Die jeweilige Produktionsweise stellt nach Marx eine dialektische Einheit aus Produktivkräften und Produktionsverhältnissen dar.[178] Demnach wendet der Mensch bei der Arbeit seine körperliche und geistige Arbeitskraft an. Durch seine geistigen Fähigkeiten gelangt der Mensch zu Erfindungen, die ihm die Produktion erleichtern. Diese produktiven Kräfte der menschlichen Arbeitskraft bezeichnet Marx als *Produktivkräfte*. Die *Produktivkräfte* umfassen somit die

[176] Ebenda, S. 9

[177] Marx, Karl: „Zur Kritik der Politischen Ökonomie. Vorwort“, in: Marx Engels Werke MEW (1961), Bd. 13, S. 8 f.

[178] Vgl. Mandel, Ernest: Einführung in den Marxismus, 5. Aufl. 1994, S. 187-206

reine körperliche Arbeitskraft sowie auch das Wissen und die Qualifikationen des Menschen. Von besonderer Bedeutung ist bei den *Produktivkräften* der wissenschaftlich-technische Forschungsstand.

In der Produktion treten die Menschen untereinander in Beziehungen, die sich notwendig aus den Arbeitsbedingungen ergeben. Die im Produktionsprozesse der materiellen Güter eingegangenen verschiedenen Wechselbeziehungen werden von Marx als *Produktionsverhältnisse* bezeichnet: Dabei handelt es sich sowohl um Beziehungen, die die Zusammenarbeit und wechselseitige Unterstützung betreffen, aber auch um die Herrschaftsverhältnisse. Bei den Produktionsverhältnissen ist die Verfügungsgewalt bzw. das Eigentum über die Produktionsmittel von ausschlaggebender Bedeutung, denn der Eigentümer der Produktionsmittel bestimmt die Beziehungen im Produktionsprozess und kann diese letztlich auch beenden. Die Produktionsverhältnisse sind daher von Klassenkämpfen gekennzeichnet. Im ersten Satz des „Kommunistischen Manifests" von 1848 äußert Marx seine berühmte Geschichtsinterpretation, dass „die Geschichte aller bisherigen Gesellschaft [..] die Geschichte von Klassenkämpfen"[179] ist.

Im Verhältnis zwischen Produktivkräften und Produktionsverhältnissen werden bei Marx die Produktivkräfte zu den treibenden Kräften. Demnach bewirkt eine ständig voranschreitende wissenschaftlich-technische Entwicklung ein permanentes Wachstum der Produktivkräfte, wodurch sich der Widerspruch zwischen den Produktivkräften und den Produktionsverhältnissen immer weiter verschärft, bis die Produktionsverhältnisse umgewälzt werden und eine neue Produktionsweise entsteht. Karl Marx hat seine materialistische Geschichtsauffassung wie folgt auf einen Nenner gebracht: „Die Handmühle ergibt eine Gesellschaft mit Feudalherren, die Dampfmühle eine Gesellschaft mit industriellen Kapitalisten."[180] Die Erfindung der Dampfmaschine war in Europa der Auftakt zur industriellen Revolution. Viele Menschen strömten in die rasch wachsenden Städte, um dort in den neu entstandenen Fabriken Arbeit zu finden. So bewirkte eine Veränderung der Produktivkräfte eine neue Produktionsweise. Aufgrund der immer weiter fortschreitenden Entwicklung der Produktivkräfte hielt Marx den Zusammenbruch des Kapitalismus für

---

[179] Marx/Engels: „Manifest der Kommunistischen Partei", in: MEW (1959) Bd. 4, S. 462

[180] Marx, Karl: „Das Elend der Philosophie", in: MEW (1959), Bd. 4, S. 130

unvermeidlich. Wenn aufgrund dieses wissenschaftlich-technischen Fortschritts (man denke an die Digitalisierung unserer Tage!) immer mehr Menschen ohne Arbeit sind, so wird dies demnach die Frage nach dem Privateigentum einiger weniger Menschen an den Produktionsmitteln tangieren.

Nach der materialistischen Geschichtsauffassung erreicht die Entwicklung der Produktivkräfte schließlich einen Punkt, an dem die Eigentumsverhältnisse zu einem Hemmnis für ein weiteres Wachstum der Produktivkräfte werden. Der Klassenkampf spitzt sich zu, bis die unterdrückte Klasse die herrschende stürzt. Durch diese Umwälzung der Produktionsverhältnisse wird der Widerspruch zwischen Produktivkräften und Produktionsverhältnissen in einer neuen Produktionsweise aufgehoben. In jeder Gesellschaftsformation ist nach Marx eine bestimmte Produktionsweise vorherrschend. Daneben können noch Elemente anderer Produktionsweisen bestehen – als Überreste einer bereits überwundenen oder einer im Keim neu entstandenen Produktionsweise.

Eine durch den Fortschritt der Produktivkräfte bewirkte Umwälzung der Produktionsverhältnisse schafft eine neue Produktionsweise, mit der dann auch der „Überbau" umgewälzt wird. Marx und Engels verdeutlichten dies im „Kommunistischen Manifest" wie folgt: „Bedarf es tiefer Einsicht, um zu begreifen, dass mit den Lebensverhältnissen der Menschen, mit ihren gesellschaftlichen Beziehungen, mit ihrem gesellschaftlichen Dasein, auch ihre Vorstellungen, Anschauungen und Begriffe, mit einem Worte, auch ihr Bewusstsein sich ändert? Was beweist die Geschichte der Ideen anders, als dass die geistige Produktion sich mit der materiellen umgestaltet?"[181] Im Verhältnis zwischen „Basis" und „Überbau" ist die „Basis" zwar das letztlich bestimmende Element, es besteht jedoch durchaus eine Wechselwirkung zwischen „Basis" und „Überbau". Friedrich Engels hat dies wie folgt verdeutlicht: „Nach materialistischer Geschichtsauffassung ist das *in letzter Instanz* bestimmende Moment in der Geschichte die Produktion und Reproduktion des wirklichen Lebens. Mehr hat weder Marx noch ich je behauptet. Wenn nun jemand das dahin verdreht, das ökonomische Moment sei das *einzig* bestimmende, so verwandelt er diesen Satz in eine nichtssagende, abstrakte, absurde Phrase. Die ökonomische Lage ist die Basis, aber die verschiedenen Momente des Überbaus [...] üben auch ihre Einwirkung auf den

[181] Marx/Engels: „Manifest der Kommunistischen Partei", in: MEW 1959, Bd. 4, S. 480

Verlauf der geschichtlichen Kämpfe aus und bestimmen in vielen Fällen deren *Form*."[182]

Bei der in diesem Kapitel erfolgten kurzen Darstellung der wesentlichen Gedanken der materialistischen Geschichtsauffassung muss man sich stets vergegenwärtigen, dass der im „real existierenden Sozialismus" des ehemaligen Ostblocks gelehrte „Historische Materialismus" (HISTOMAT) ein erstarrtes Lehrgebäude war, dass die Gedanken von Marx dogmatisierte und veränderte.[183] So wurde im sogenannten HISTOMAT die „Lehre von den Gesellschaftsformationen" gelehrt, nach der es im Verlauf der Menschheitsgeschichte fünf Gesellschaftsformationen gibt: Die Urgesellschaft, die Sklavenhaltergesellschaft, den Feudalismus, den Kapitalismus und den Sozialismus/Kommunismus. Diese „Lehre der Formationen" hat demnach für alle Länder auf der Welt Gültigkeit - jedes Land der Erde müsste nach der offiziellen Sowjetideologie diese historischen Stufen in exakt dieser Reihenfolge durchlaufen. Marx wollte seine materialistische Geschichtsauffassung aber lediglich als einen „Leitfaden" verstanden wissen, ohne jedes Land in dieses Schema pressen zu wollen. Noch zu Lebzeiten von Marx wandten sich ratsuchende Sozialisten vieler Länder an den Begründer des „wissenschaftlichen Sozialismus", um seinen „geheiligten Lippen" Auskünfte darüber zu entlocken, wie denn nun die Verhältnisse ihres Landes mit der „Lehre der Formationen" zu vereinbaren seien. Auf eine solche Anfrage der russischen Sozialistin Vera Sassulitsch antwortete Marx, dass sein Schema „ausdrücklich auf die Länder Westeuropas beschränkt"[184] sei. Im Hinblick auf Asien hat Marx auch von einer „asiatischen Produktionsweise" gesprochen – ein für unser Thema nicht uninteressanter Gesichtspunkt.

---

[182] Engels, Friedrich: „Brief an Joseph Bloch in Königsberg", in: Marx/Engels, Ausgewählte Schriften, Bd. II, S. 456 f.

[183] Vgl. z.B. Wolfgang Leonhard, Was ist Kommunismus, S. 71 ff.

[184] Marx, Karl: „Brief an Vera Sassulitsch in Genf vom 8.3.1881", in: Marx, Marx in seinen Briefen 1981, S. 374

2. Das Wesen der Gesellschaft nach der *Juche*-Philosophie

Es wurde bereits auf den Kern der *Juche*-Philosophie verwiesen, dass dadurch, dass der Mensch ein gesellschaftliches Wesen ist, die wichtigste sozialhistorisch bedingte Eigenschaft des Menschen, das *Dschadschusong*, entsteht. Aus dem Menschenbild der *Juche*-Philosophie ergibt sich die Auffassung vom Wesen der Gesellschaft. Das Erscheinen des Menschen auf der Erde hat die menschliche Gesellschaft zur Folge. In der *Juche*-Philosophie wird Gesellschaft definiert als eine Gemeinschaft bzw. ein Kollektiv von Menschen, in dem sie leben und arbeiten und in dem sie durch soziale Beziehungen untereinander verbunden sind.[185] Kim Jong Il macht darauf aufmerksam, dass „der Mensch .. das gesellschaftliche Wesen [ist]. Das bedeutet ein Wesen, das gesellschaftliche Beziehungen verknüpft und existiert; es ist ein Ausdruck, der zur Auseinanderhaltung des Menschen von den natürlichen Wesen gebraucht wird. Da der Mensch ein gesellschaftliches Wesen ist, besitzt er die nur ihm eigenen Attribute, nämlich Souveränität, Schöpfertum und Bewusstheit, welche anderem materialem Sein fehlen.“[186]
Natur und Gesellschaft können nicht durch das Individuum allein, sondern nur im Kollektiv umgestaltet werden. Kim Jong Il betont deshalb den Kollektivismus wie folgt: „Der Kollektivismus ist die wesentliche Forderung des Menschen. Er kann nur dann existieren und sich entwickeln, wenn er einem gesellschaftlichen Kollektiv angehört und sich darin betätigt. Die Menschen können nicht einzeln, sondern lediglich durch die kollektive Zusammenarbeit der Mitglieder der Gesellschaft die Natur und Gesellschaft umgestalten und ihre souveränen Forderungen realisieren. Wenn sie in einem gesellschaftlichen Kollektiv leben wollen, müssen sie die souveränen Forderungen des Kollektivs und die des Individuums verwirklichen.“[187]

In der menschlichen Gemeinschaft werden soziale Reichtümer hergestellt, die der Befriedung der physischen und geistig-kulturellen Bedürfnisse des Menschen dienen. Die vom Menschen produzierten Reichtümer muss man Kim

---

[185] Vgl. „Juche Idea: Answers to hundert Questions“, Pyongyang 2012, S. 21

[186] Kim Jong Il: Zum richtigen Auffassen und Verstehen der Juche-Ideologie 2002, S. 4 f.

[187] Kim Jong Il, Der Sozialismus ist eine Wissenschaft 1994, S.3

Jong Il zufolge vom gesellschaftlichen Wesen des Menschen unterscheiden: „Wenn man aber die von den Menschen geschaffenen Reichtümer auch als gesellschaftliches Wesen bezeichnet, wird es keinen Grundunterschied von Menschen und Reichtümern geben, und man kann keine Antwort auf die Frage geben, worauf die wesentlichen Eigenschaften des Menschen beruhen.“[188]

Es wurde bereits darauf verwiesen, dass die soziale Produktion nicht von isolierten Individuen vorgenommen wird, sondern sie erfolgt gesellschaftlich, wodurch sich die Gesellschaft entwickelt. Bei der Produktion spielen die sozialen Verhältnisse eine wesentliche Rolle. Im Hinblick auf die Feststellung der *Juche*-Ideologie, dass der Mensch der Herr seines Schicksals ist, ist es wichtig darauf hinzuweisen, dass die Menschen in bestimmte Verhältnisse hineingeboren werden und somit mit den bestehenden Verhältnissen konfrontiert sind. Um die Natur und die bestehenden Verhältnisse verändern zu können, muss man soziale Beziehungen aufnehmen. Wenn die Menschen soziale Beziehungen aufnehmen würden, so würden sie diese mit der Entwicklung des sozialen Lebens ununterbrochen verbessern.

Die sozialen Beziehungen werden in politische, ökonomische und ideologisch-kulturelle unterschieden. Diese Dreiteilung ist jedoch Kim Jong Il zufolge nicht mechanisch aufzufassen: „Man darf auch die Frage über die drei Bereiche des gesellschaftlichen Lebens nicht mechanisch auslegen. Manche Leute bestehen darauf, dass man das gesellschaftliche Leben nicht in zwei Teile, nämlich materielles und geistiges Leben, getrennt betrachten darf, sondern unbedingt in die drei Bereiche – wirtschaftliches, ideologisch-kulturelles und politisches Leben – teilen muss. So darf es nicht ausgelegt werden. Allerdings ist es richtig, das Menschenleben in die drei genannten Sphären zu teilen. Auch aus den Abhandlungen unserer Partei geht es in diesem Sinne hervor. Man kann es doch nicht als falsch ansehen, das Menschenleben in zwei Bereiche, d. h. in materielles und geistiges Leben, geteilt zu betrachten. Das Problem liegt nicht darin, in wie viele Aspekte das gesellschaftliche Leben getrennt betrachtet wird, sondern darin, dass man die getrennte Betrachtung von zwei Bereichen, vom Materiellen und Geistigen, und die von drei Bereichen, vom wirtschaftlichen, ideologisch-kulturellen und politischen Leben, einander

[188] Kim Jong Il: Zum richtigen Auffassen und Verstehen der Juche-Ideologie 2002, S. 4 f.

gegenüberstellt. Dass das ideologisch-geistige Leben und das materielle Leben der Menschen zwei Bereiche des gesellschaftlichen Lebens bilden, ist eine Meinung, die wir stets vertreten. Die Souveränität der Volksmassen muss in den Bereichen des ideologisch-geistigen und des materiellen Lebens verwirklicht werden, was wir immer behaupten. Das stimmt inhaltlich mit der Meinung überein, dass beim Aufbau des Sozialismus und Kommunismus die zwei Festungen – d. h. die ideologische und die materielle – zusammen eingenommen werden müssen. Ausgehend von solchen Meinungen, kann man es nicht als falsch ansehen, das gesellschaftliche Leben in zwei Bereiche, den materiellen und den geistigen, zu teilen. Im Alltag der Menschen kommen das politische und das kulturelle Leben praktisch als ein ideologisch-geistiges Leben zum Ausdruck. Deshalb ist es kein Unrecht, das politische und das kulturelle Leben ins ideologisch-geistige Leben einzubeziehen und somit das gesellschaftliche Leben in zwei Bereiche, das ideologisch-geistige und das materielle Leben, geteilt zu betrachten. Wenn wir auch von den zwei Festungen des Kommunismus sprechen, meinen wir damit die materielle Festung und die ideologische oder die politisch-ideologische Festung. Deshalb muss das gesellschaftliche Leben in zwei Bereiche geteilt betrachtet werden, wenn man es mit der Idee von beiden Festungen des Kommunismus inhaltlich in Übereinstimmung bringen will. Es ist nicht problematisch, wenn man das gesellschaftliche Leben noch umfassender in zwei Bereiche oder konkreter in drei Sphären geteilt betrachten will. Hierbei kann man nicht eindeutig sagen, was richtig und was falsch wäre."[189]

Eine weitere Unterscheidung erfolgt nach dem Charakter der sozialen Beziehung, ob es bspw. um eine Zusammenarbeit der Menschen oder - bei Gegensätzen - um Auseinandersetzung oder Kampf geht. Als Herr seines Schicksals kann der Mensch das kollektive *Dschadschusong* nur in Zusammenarbeit mit anderen Menschen gegen die Ausbeuter und Unterdrücker durchsetzen.

---

[189] Kim Jong Il: Zum richtigen Auffassen und Verstehen der Juche-Ideologie 2002, S. 6 f.

3. Welche Gesetze gelten in der menschlichen Gesellschaft?

Ihrem Selbstverständnis nach überwand „die *Juche*-Gesellschafts- und Geschichtsauffassung … die Beschränktheit der vorangegangenen Gesellschafts- und Geschichtsauffassung und leitete eine grundlegende Wende in der Auffassung und Anschauung von Gesellschaft und Geschichte ein."[190] Der Historische Materialismus wandte demnach „die allgemeinen Gesetzmäßigkeiten der Entwicklung der materiellen Welt auf die Gesellschaft und Geschichte an und schuf die materialistisch-dialektische Gesellschafts- und Geschichtsauffassung, d.h. die materialistische Geschichtsauffassung."[191] Aufgrund des Menschenbilds der *Juche*-Ideologie wird die Auffassung abgelehnt, dass in der Gesellschaft Naturgesetze gelten würden. Kim Jong Il zufolge ist es „die Begrenztheit der marxistischen Philosophie ..., die die Entwicklung aller Dinge als einen naturgeschichtlichen Prozess betrachtet. Manche Leute orientieren sich bei der Auslegung der Grundsätze der *Juche*-Philosophie, vor allem der Frage der wesentlichen Eigenschaften des Menschen, nicht darauf, die eigenen Gesetzmäßigkeiten der gesellschaftlichen Bewegung zu klären; statt dessen versuchen sie, dies von der Warte der allgemeinen Gesetzmäßigkeiten bei der Entwicklung der materiellen Welt aus zu erklären. Daher kann man annehmen, dass man die *Juche*-Philosophie nicht als eine vollkommen schöpferische Philosophie, sondern von der Warte der Entwicklung der Theorie der materialistischen Dialektik des Marxismus aus interpretieren will. Auf diese Weise kann man die Originalität der *Juche*-Philosophie nicht richtig ergründen."[192] Die Gesetzmäßigkeiten in der materiellen Welt kann man somit der *Juche*-Philosophie zufolge eben nicht einfach auf den Menschen übertragen. Der Historische Materialismus ist Kim Jong Il zufolge daher nicht in der Lage, die gesellschaftlichen Bewegungsgesetze richtig zu erkennen: „Das wesentliche Manko der materialistischen Geschichtsauffassung liegt darin, dass sie die der gesellschaftlichen Bewegung eigenen Gesetzmäßigkeiten nicht richtig beleuchten konnte und die Grundprinzipien der gesellschaftlichen Bewegung

[190] Kim Jong Il: Die *Juche*-Philosophie ist eine schöpferische revolutionäre Philosophie, S. 4

[191] Ebenda, S. 4 f.

[192] Kim Jong Il: Zum richtigen Auffassen und Verstehen der Juche-Ideologie, Pyongyang 2002, S. 1

hauptsächlich von jener Gemeinsamkeit ausgehend darlegte, dass sowohl die Bewegung in der Natur wie auch die in der Gesellschaft eine Bewegung der Materie ist."[193] Es ist demnach ein grundlegendes Problem des Historischen Materialismus, dass die Theorie in der Praxis viele Fragen aufwerfe, auf die sie keine Antwort bereithalte. Es sei zwar eine Erkenntnis des Dialektischen und Historischen Materialismus, „dass die Welt aus Materie besteht und sich nach den allgemeinen Gesetzmäßigkeiten der materiellen Welt verändert und entwickelt."[194] Nun stellt sich aber die Frage, ob die allgemeinen Gesetze der Natur exakt auf den Menschen und die menschliche Gesellschaft zu übertragen sind. Nach der *Juche*-Ideologie ändert und entwickelt sich „die gesellschaftliche Bewegung … nach ihren eigenen Gesetzmäßigkeiten. Sie ist eine Bewegung des Menschen, der über die Welt herrscht und sie umgestaltet. Der Mensch ist für die Umgestaltung der Natur tätig, um seine Herrschaft über die objektiv bestehende materielle Welt und deren Umgestaltung zu realisieren."[195] Genau hier gelangt Kim Jong Il durch das Menschenbild der *Juche*-Ideologie, dass der Mensch „ein gesellschaftliches Wesen, dem Souveränität, Schöpfertum und Bewusstheit eigen"[196] ist, zu einer anderen Auffassung als im Historischen Materialismus. Die *Juche*-Ideologie meint nun nicht, dass in der Gesellschaft keine Gesetzmäßigkeiten gelten würden. Allerdings ist „die Wirkung des Gesetzes in der Gesellschaft von der in der Natur in einem Punkte unterschiedlich. Das Gesetz wirkt in der Natur spontan und unabhängig von der Tätigkeit des Menschen, aber in der Gesellschaft eben durch die souveräne, schöpferische und bewusste Tätigkeit des Menschen."[197] Während sich die Bewegungen in der Natur durch die Gesetze der objektiv existierenden Materie ergeben würden, werde die gesellschaftliche Bewegung durch die aktive Einwirkung des Subjekts (der Volksmassen) verursacht.[198] Obwohl die gesellschaftlichen Gesetze durch das Eingreifen der Menschen bewirkt werden, „bedeutet [dies] nicht, dass sie keinen objektiven Charakter tragen oder dass es in der gesellschaftlichen Bewegung keine Spontanität gibt.

---

193 Ebenda

194 Kim Jong Il: Die Juche-Philosophie ist eine schöpferische revolutionäre Philosophie 1997, S. 7

195 Ebenda, S. 5

196 Vgl. Kim Jong Il: Zum richtigen Auffassen und Verstehen der Juche-Ideologie 2002, S.1

197 Ebenda

198 Vgl. ebenda

Wenn bestimmte soziale und ökonomische Bedingungen geschaffen sind, wirkt notwendigerweise ein ihnen entsprechendes gesellschaftliches Gesetz; es nimmt dann wie ein Naturgesetz einen objektiven Charakter an."[199]
Die gesellschaftliche Entwicklung hängt eben von der Entwicklung des *Dschadschusong*, des Schöpfertums und des Bewusstseins ab. Je höher der Wille zur Souveränität bei den Menschen entwickelt ist, desto mehr nehmen die gesellschaftlichen Gesetze – wie die Naturgesetze – einen objektiven Charakter an, da dann bei entsprechenden ökonomischen Bedingungen ein Handeln fast zwangsläufig erfolgen *muss*. Als Beispiel kann man hier eine zunehmende Verelendung der Massen bei deutlich erkennbarer Unterdrückung nennen. Je ausgeprägter der Wille der Menschen zur Souveränität ist, desto zwangsläufiger wird eine Reaktion bzw. ein Aufstand erfolgen.

4. Zur Frage der Wechselwirkung zwischen Basis und Überbau

Ein grundlegender Fehler des Marxismus ist es der *Juche*-Philosophie zufolge, dass er den Menschen „als einen Bestandteil der Produktivkräfte, als das ‚Ensemble der gesellschaftlichen Verhältnisse'"[200] betrachte. Die Klassiker des Marxismus stellten demnach die Frage nach dem Wesen des Menschen in den gesellschaftlichen Verhältnissen, wobei sie den Menschen als „gesellschaftliches Wesen" in seinen materiellen Verhältnissen und ökonomischen Beziehungen, die sich dann in seinem Bewusstsein widerspiegeln - und somit letztlich als Produkt der materiellen Bedingungen - verstanden. Der Begriff des „gesellschaftlichen Wesens" werde nicht in einer Art und Weise analysiert, die zu einer Definition der wesentlichen Eigenschaften des Menschen geführt hätte. Auch diese Kritik macht wieder die anthropozentrische Ausrichtung der *Juche*-Philosophie deutlich.
Viele haben die *Juche*-Ideologie so interpretiert, dass bei der *Juche*-Philosophie – im Gegensatz zur materialistischen Geschichtsauffassung – der „Überbau" die entscheidende Rolle spielt und die „Basis" determiniert, weshalb die *Juche*-Ideologie eigentlich eine idealistische Geschichtsauffassung sei.[201] Man muss dabei aber berücksichtigen, dass die *Juche*-Philosophie Kim Jong Il zufolge

[199] Kim Jong Il, Die Juche-Philosophie ist eine schöpferische revolutionäre Philosophie 1997, S. 8
[200] Ebenda, S. 11

„nicht im Rahmen der vorausgegangenen Philosophie ausgelegt werden“[202] kann. Das zeigt sich daran, dass - wie wir gesehen haben - ja bereits Differenzen zwischen der materialistischen Geschichtsauffassung und der *Juche*-Philosophie in Bezug auf die Frage existieren, was genau zu den Produktivkräften gezählt werden kann. Wenn wir uns dennoch der Frage nach dem Verhältnis von „Basis“ und „Überbau“ in der *Juche*-Ideologie zuwenden, so ist dies stets dabei zu berücksichtigen.
Die *Juche*-Ideologie gesteht durchaus zu, dass es das „gesellschaftliche Sein“ ist, dass das Bewusstsein bestimmt.[203] Exakt so fasst die *Juche*-Idee die materialistische Basis auf, da ist nirgends von der Materie am Anfang aller Dinge die Rede. Im Gegensatz zu Interpretationen der *Juche*-Ideologie, die von einer einseitigen Determinierung der „Basis“ durch den „Überbau“ ausgehen, spricht Kim Jong Il von einer Wechselwirkung.[204] Wenn man seine Ausführungen in der Schrift „Über die Juche-Ideologie“ berücksichtigt[205], hat Kim Jong Il sehr wohl die Marxsche Auffassung von einer Wechselwirkung zwischen „Basis“ und „Überbau“ verstanden - ganz im Gegensatz zu manchem namhaften Soziologen -, weshalb man sich eigentlich davor hüten sollte, die *Juche*-Philosophie von vornherein herablassend zu belächeln. Bei all diesen Ausführungen ist zu berücksichtigen, dass sich die *Juche*-Philosophie anfangs noch im Rahmen des Marxismus-Leninismus entwickelte, inzwischen aber deutlich betont, dass sie eine eigenständige Ideologie ist, die nicht im Rahmen und mit den Begrifflichkeiten der alten Ideologie zu erklären ist.
Während in der materialistischen Geschichtsauffassung die „Basis“ in Produktivkräfte und Produktionsverhältnisse unterteilt ist, auf denen sich dann der „Überbau“ aufsetzt, steht in der *Juche*-Philosophie der Mensch im Mittelpunkt. Wir haben gesehen, dass nach der *Juche*-Ideologie der Mensch in der Welt die Position des Herrn und Umgestalters einnimmt.[206] Während es sich

[201] Vgl. Cho Hang-Gu: Die Chuch‘e-Ideologie und der Marxismus-Leninismus, https://www.koreaverband.de/publikationen/archive/1-99/1-99-art14.pdf; Seite 9

[202] Kim Jong Il, Die Juche-Philosophie ist eine schöpferische revolutionäre Philosophie 1997, S. 4

[203] Vgl. Kim Jong Il, Über die Juche-Ideologie, S. 62 ff.

[204] Ebenda, S. 62

[205] Vgl. ebenda, S. 62 f.

[206] Vgl. Kim Jong Il, Die Juche-Philosophie ist eine schöpferische revolutionäre Philosophie 1997, S. 4

der Marxismus zur Aufgabe gemacht habe, die Materie zu untersuchen und die Bewegungsgesetze der materiellen Welt zu ergründen, sei es die Aufgabe der *Juche*-Philosophie, die Wesenseigenschaften des Menschen und die sozialen Bewegungsgesetze zu klären und darzulegen.[207] Die materialistische Geschichtsauffassung und die *Juche*-Ideologie haben weiterhin beide nach der *Juche*-Philosophie das Wesen der Gesellschaft neuartig dargelegt. Kim Jong Il macht darauf aufmerksam, dass die Begründer des Marxismus „das Wort ‚gesellschaftliches Wesen' nicht in einem Sinn [verwenden würden], welcher die wesentlichen Eigenschaften des Menschen definiert."[208] Mit den vom Marxismus-Leninismus beschriebenen Gesetzmäßigkeiten könne die Frage der gesellschaftlichen Bewegung nicht gelöst werden können. Der Marxismus versucht demnach diese Schwierigkeiten dadurch zu überwinden, indem er den Eindruck einer einseitigen Determinierung des sogenannten „Überbaus" bzw. des gesellschaftlichen Bewusstseins durch die materiell-ökonomische „Basis" als einer bloßen Widerspiegelung zurückweist und zugesteht, dass es eine Wechselwirkung zwischen „Basis" und „Überbau" gibt und auch der „Überbau" auf die „Basis" zurückwirken kann. Das löst allerdings nach der *Juche*-Philosophie nicht die Problematik, die dadurch entsteht, dass die gesellschaftliche Entwicklung wie der Naturprozess aufgefasst wird und die gesellschaftlichen Bewegungsgesetze wie Naturgesetze erscheinen.[209] Kim Jong Il spricht in diesem Zusammenhang von der „Begrenztheit" des Marxismus, an anderer Stelle von einer zeitlich bedingten Beschränktheit.[210] Der Marxismus erklärt den Menschen als Produkt der gesellschaftlichen Verhältnisse, er „erhellte aber nicht richtig die eigentümlichen Eigenschaften des Menschen, über welche er selbst als gesellschaftliches Wesen verfügt."[211] Indem der Marxismus einfach die Gesetze der Materie auf die menschliche Gesellschaft überträgt, nimmt er nur unzureichend war, dass der Mensch nicht mit der toten Materie und auch nicht mit anderen Lebewesen zu vergleichen ist, „aber der Mensch, wie ihn die *Juche*-Philosophie versteht, besitzt nicht nur einen höchstentwickelten Organismus, sondern lebt und handelt auch souverän, schöpferisch und bewusst, mit Eigenschaften also, welche andere lebende

---

[207] Vgl. ebenda, S. 2

[208] Ebenda, S. 9

[209] Vgl. ebenda

[210] Vgl. ebenda S. 9 und 17

[211] Ebenda

Materie nicht besitzt.“[212]

Auch die gesellschaftliche Struktur wird der *Juche*-Ideologie zufolge im Marxismus in „Produktivität“ und „Produktionsverhältnisse“ und in die „Basis“ und den „Überbau“ eingeteilt und der materiellen Produktion und den ökonomischen Verhältnisse die entscheidende Bedeutung beigemessen. So rückten demnach die materiell-ökonomischen Verhältnisse in den Mittelpunkt des Marxismus. Kim Jong Il macht die unterschiedlichen Auffassungen der *Juche*-Philosophie und des Marxismus vom Wesen des Menschen wie folgt deutlich: „Die eigenständige Auffassung vom Wesen der Gesellschaft unterscheidet sich grundsätzlich von der marxistischen Anschauung. In der materialistischen Geschichtsauffassung des Marxismus wurde die Gesellschaft in gesellschaftliches Wesen und Bewusstsein eingeteilt, und in den gegenseitigen Beziehungen dem gesellschaftlichen Wesen entscheidende Bedeutung beigemessen. Auch der gesellschaftlichen Struktur wurde in Produktivität und Produktionsverhältnisse und in die Basis und den Überbau eingeteilt und der materiellen Produktion und den ökonomischen Verhältnissen entscheidende Bedeutung beigemessen.“[213]

Im Marxismus ist es, wie wir gesehen haben, das „gesellschaftliche Sein“, dass das Bewusstsein in letzter Instanz bestimmt. Kim Jong Il zufolge hat der Marxismus allerdings die Rolle des Bewusstseins nicht wissenschaftlich klären können und daher vernachlässigt: „Die Materialisten bestanden auf der Reflektionslehre, dass der Geist eine Widerspiegelung der materiellen Welt ist, um den Idealismus zu bekämpfen, der den Geist mystifiziert. Das war zwar ein Fortschritt gegen die Mystifizierung des Geistes, konnte aber keine wissenschaftliche Klärung der Rolle des Bewusstseins werden. Marx stellte zwar klar, dass das gesellschaftliche Bewusstsein von dem sozialen Sein bestimmt wird und eine aktive Rückwirkung auf dieses Sein ausübt, vermochte aber nicht zu erklären, dass das ideologische Bewusstsein in der Tätigkeit des Menschen eine entscheidende Rolle spielt.“[214] Es ist somit nach der *Juche*-Philosophie bei der Tätigkeit des Menschen das „denkende Bewusstsein“, das die entscheidende Rolle spielt. Bei einer entsprechenden Entwicklung des

---

[212] Ebenda, S. 11

[213] „Das Banner der Souveränität beleuchtet den Weg der Menschheit“, 2., verbesserte Aufl. Pyongyang 2017, S. 13

[214] Kim Jong Il: „Einige Fragen über die ideologische Grundlage des Sozialismus“, in: Kim Jong Il, Ausgewählte Werke, Bd. 10, S. 98 f.

Dschadschusong kann der Mensch die gesellschaftliche Entwicklung in Richtung Souveränität steuern. (Vgl. Kapitel VI.) Kim Jong Il zufolge ist es das ideologische Bewusstsein, „das die Entwicklung der Gesellschaft dynamisch vorantreibt"[215]. Man müsse daher „auf jeden Fall in seinem [des Menschen] Bewusstsein den Hauptfaktor für die Gesellschaftsentwicklung suchen."[216] Demnach „erhellte die Juche-Ideologie .. erstmals, dass in der Tätigkeit des Menschen das ideologische Bewusstsein die entscheidende Rolle spielt. Die Tätigkeit des Menschen entfaltet sich unter bestimmten materiellen Bedingungen und das Bewusstsein spiegelt die materielle Welt wider, aber die Rolle des Bewusstseins beschränkt sich nicht auf die Widerspiegelung der materiellen Welt und die Rückwirkung darauf. Das Bewusstsein bestimmt alle Tätigkeiten des Menschen. Dem gesamten Denken und Handeln liegt das ideologische Bewusstsein zugrunde. Das Bewusstsein spielt die ausschlaggebende Rolle in allen kognitiven und praktischen Tätigkeiten des Menschen. Da der Mensch ein souveränes Bewusstsein hat, kann er aktiv die objektive Welt erkennen und schöpferisch tätig sein."[217] Diese Ausführungen Kim Jong Ils erinnern an Max Webers „Protestantismus-Kapitalismus-These"[218], nach der für die Entstehung des Kapitalismus nicht ökonomische, sondern ideelle Faktoren verantwortlich gemacht werden. Wenn man das als eine Umkehrung des Marxschen Basis-Überbau-Theorems ansehen will, bewegt man sich jedoch wieder im Argumentationsmuster der marxistischen Weltanschauung – ein Fehler, vor dem die *Juche*-Ideologie warnt. Man muss an dieser Stelle wiederum darauf verweisen, dass sich die *Juche*-Philosophie als anthropozentrische Weltanschauung versteht. Somit hat der Historische Materialismus für die *Juche*-Ideologie heute wohl keine Bedeutung mehr.

---

[215] Kim Jong Il, Die Verleumdung des Sozialismus ist unzulässig 1993, S. 35

[216] Ebenda

[217] Kim Jong Il: „Einige Fragen über die ideologische Grundlage des Sozialismus", in: Kim Jong Il, Ausgewählte Werke, Bd. 10, S. 99

[218] Der deutsche Soziologe Max Weber (1864-1920) hat in seiner berühmten Schrift „Die protestantische Ethik und der Geist des Kapitalismus" die Entstehung des modernen Kapitalismus idealtypisch auf den Geist des „asketischen Protestantismus" - und somit auf ideelle Faktoren - zurückgeführt, nicht auf ökonomische Faktoren.

5. Ist der Verlauf der Geschichte determiniert?

Eine weitere umfassende Kritik der *Juche*-Philosophie betrifft auch den angeblichen Geschichtsdeterminismus des Marxismus, nach dem der Sozialismus/Kommunismus als Ziel der Geschichte eigentlich schon feststeht. Das soll im Folgenden kurz erläutert werden. Nach dem Tod von Friedrich Engels wurde Karl Kautsky (1854-1938) von den Töchtern von Karl Marx mit der Herausgabe des Marxschen Nachlasses betraut. Als führender Theoretiker der II. Internationale hat Kautsky die sozialistische Bewegung um die Jahrhundertwende erheblich beeinflusst. Kautsky ging von einem unvermeidlichen Fortschritt der gesellschaftlichen Entwicklung in Richtung Sozialismus aus, wobei der Geschichtsprozess weitgehend dem Naturprozess angeglichen und der Sozialismus daher gewissermaßen naturnotwendig erscheint. Gerhard Göhler und Ansgar Klein haben darauf wie folgt hingewiesen: „Kautskys Annäherung an den Sozialismus erfolgt über den Materialismus und den Evolutionismus Darwins […] Kautskys Wissenschaftsverständnis geht von der Identität von Natur- und Gesellschaftsbetrachtung aus und beruft sich dabei auf eine entsprechende Deutung des Marxschen Werkes.“[219] Es handelt sich somit um eine vulgärmarxistische Deutung der Marxschen Lehre, die von einem vom menschlichen Willen unabhängigen Geschichtsautomatismus bis hin zum Sozialismus/Kommunismus ausgeht. Diese Auffassung von einem Geschichtsautomatismus fand ihren Eingang auch in die offizielle Sowjetideologie. Im Gegensatz dazu hatte doch Karl Marx in seiner Schrift *Der achtzehnte Brumaire des Louis Bonaparte* Folgendes ausgeführt: „Die Menschen machen ihre eigene Geschichte, aber sie machen sie nicht aus freien Stücken, nicht unter selbstgewählten, sondern unter unmittelbar vorgefundenen, gegebenen und überlieferten Umständen.“[220]

Die *Juche*-Ideologie lehnt derartige Vorstellungen von einem Geschichtsautomatismus ab, wie im Folgenden ausgeführt wird. Sie befindet sich dabei im Einklang mit der ursprünglichen Marxschen Auffassung, verwirft aber die vulgärmarxistische Interpretation.

[219] Göhler, Gerhard und Ansgar Klein: „Politische Theorien des 20. Jahrhunderts“, in: Lieber, Politische Theorien von der Antike bis zur Gegenwart 1993, S. 553

[220] MEW (Marx Engels Werke) 1960, Bd. 8, S. 115

Die *Juche*-Philosophie kritisiert eine deterministische Geschichtsauffassung, die einem Geschichtsautomatismus gleichkommt, nach der das Ziel der Geschichte gewissermaßen automatisch – ohne ein bewusstes Eingreifen der Menschen – eintritt. Kim Jong Il kritisiert aufgrund des sozialhistorischen Prinzips den Ökonomismus des Marxismus, demzufolge die Revolution automatisch entstehen könne, wenn die materiellen Voraussetzungen für die Revolution erfüllt seien. Kim Jong Il zufolge spielt zwar auch „die materielle Seite" „eine große Rolle" in der revolutionären Bewegung. Aber eine „Revolution vollzieht sich" „keinesfalls im Selbstlauf, auch wenn dafür die materiellen Voraussetzungen vorhanden sind."[221] Raum für Spontanität besteht immer. Dazu muss das *Dschadschusong* und das Bewusstsein hoch entwickelt sein. Die *Juche*-Ideologie hält somit vielmehr den ideologischen Faktor für entscheidend: „Die revolutionären Bewegungen sind bewusste Bewegungen. Daher ist im revolutionären Kampf und beim Aufbau unter allen Umständen die Ideologie der Menschen als Kern der Sache anzusehen. Das ist ein wichtiges Prinzip, das in der Revolution und beim Aufbau eingehalten werden muss. Das bedeutet, die Ideologie als ausschlaggebenden Faktor zu betrachten und alles durch die verstärkte Rolle des Bewusstseins zu lösen. Es ist ein gesetzmäßiges Erfordernis der Entwicklung der revolutionären Bewegungen, den ideologischen Faktor als entscheidend anzuerkennen."[222] Kim Jong Il kritisiert in diesem Zusammenhang den Historischen Materialismus. Die Revolution vollziehe sich keineswegs automatisch, auch wenn die ökonomischen Bedingungen dafür vorhanden seien.[223] Daher sei es sinnlos zu glauben, die Revolution käme gewissermaßen von alleine und man müsse nur abwarten: „Von der bewussten Tätigkeit der Menschen hängt es ab, wie sie [die Bedingungen] genutzt werden. Überhaupt hängt es von den Menschen ab, wie die materiellen Voraussetzungen geschaffen werden. Je nachdem, wie sie mitwirken, geht es damit rasch oder schleppend voran. Nur der aktive Kampf der Revolutionäre und der Volksmassen vermag die Revolution voranzutreiben. Bekanntlich entbrennt ein revolutionärer Kampf nicht erst nach der Schaffung aller Bedingungen und auch nicht nur in einer günstigen Situation. Mit den Händen in den Schoß gelegt auf das Heranreifen aller Voraussetzungen zu warten hieße faktisch, auf die Revolution zu verzichten. Es geht also im

[221] Kim Jong Il, Über die Juche-Ideologie, S. 38
[222] Ebenda, S. 30
[223] Vgl. ebenda

revolutionären Kampf und beim Aufbau darum, die erstrangige Aufmerksamkeit auf den ideologischen Faktor zu richten und, darauf gestützt, sich intensiv für die Schaffung aller Bedingungen einzusetzen.“[224]

Die revolutionären Bewegungen sind der *Juche*-Philosophie zufolge bewusste Bewegungen. Daher ist im revolutionären Kampf und beim Aufbau unter allen Umständen die Ideologie der Menschen als Kern der Sache anzusehen. Das ist ein wichtiges Prinzip, das in der Revolution und beim Aufbau des Sozialismus eingehalten werden muss. Das bedeutet, die Ideologie als ausschlaggebenden Faktor zu betrachten, und alles durch die verstärkte Rolle des Bewusstseins zu lösen.

6. Die Volksmassen sind das Subjekt der Geschichte

Während der Marxismus die Geschichte der Menschheit als eine Geschichte von Klassenkämpfen versteht, wobei die Widersprüche zwischen Produktivkräften und Produktionsverhältnissen schließlich in eine neue Gesellschaftsordnung münden, ist die Geschichte der Menschheit der *Juche*-Ideologie zufolge eine Geschichte des Kampfes der Volksmassen für die Souveränität.[225] Die *Juche*-Philosophie ordnet den Historischen Materialismus und die Rolle der Arbeiterklasse selbst als zeitbedingt ein. Mit dem Erscheinen der Arbeiterklasse auf der Bühne der Geschichte begann eine neue Epoche der Menschheitsgeschichte. Gegenwärtig befinden wir uns aber der Juche-Philosophie zufolge in einem neuen Zeitalter, in dem nicht mehr die Arbeiterklasse, sondern die Volksmassen das Subjekt der Geschichte sind. In unserem Zeitalter verhalte es sich so, dass „die Volksmassen in der Geschichte eine entscheidende, schöpferische und den Fortschritt vorantreibende Rolle spielen.“[226]

Kim Il Sung machte deutlich, dass die Volksmassen nur durch die Herausbildung und Entwicklung des *Dschadschusong* ihre Souveränität durchsetzen können: „Die *Juche*-Ideologie bedeutet, dass die Volksmassen der

[224] Ebenda, S. 30 f.

[225] Ebenda, S. 17

[226] Kim Jong Il, zitiert nach Cho Hang-Gu, Die Chuch’e-Ideologie und der Marxismus-Leninismus, S. 5; https://www.koreaverband.de/publikationen/archive/1-99/1-99-art14.pdf

Herr in der Revolution und beim Aufbau sind, dass sie als die treibende Kraft dabei auftreten. Mit anderen Worten, diese Ideologie bedeutet, dass jeder selbst Herr seines Schicksals ist, dass jeder auch die Kraft besitzt, sein Schicksal zu entscheiden. Die *Juche*-Ideologie beruht auf dem philosophischen Grundsatz, dass der Mensch der Herr aller Dinge ist und er über alles entscheidet. Der Mensch ist ein gesellschaftliches Wesen, das *Dschadschusong* besitzt. Alle Handlungen des Menschen werden durch sein Bewusstsein bestimmt. Der Mensch, der ein selbständiges Bewusstsein hat, passt sich nicht blind der Umwelt an, sondern gestaltet sie zweckentsprechend und in Übereinstimmung mit seinen Wünschen und Bedürfnissen. Der Mensch ist das höchstentwickelte und stärkste Wesen auf der Erde. Er gestaltet Natur und Gesellschaft um, entwickelt auch Wissenschaft und Technik. Deshalb ist der Mensch Herrscher über die Welt, der alles entscheidende Faktor."[227] Dabei wird deutlich, dass „die *Juche*-Ideologie eine anthropozentrische revolutionäre Lehre"[228] ist. Im Marxismus spielt die Entwicklung der Produktivkräfte, der wissenschaftlich-technische Fortschritt, die entscheidende Rolle - die Produktivkräfte treiben die Entwicklung voran, indem sie neue Produktionsverhältnisse zur Folge haben. Die *Juche*-Philosophie betont dagegen die Rolle des Menschen als Herrn seines Schicksals und seine Kraft, die Welt umzugestalten. Demnach sind „die Volksmassen das Subjekt der Geschichte und die Triebkraft der gesellschaftlichen Entwicklung."[229] Dabei wird deutlich, dass es sich bei der *Juche*-Philosophie wirklich um eine neue Weltanschauung, nicht lediglich um eine Weiterentwicklung des Marxismus handelt. Sie verlässt den Rahmen dieser Ideologie. Es sei an dieser Stelle noch einmal darauf hingewiesen, dass es nach der *Juche*-Philosophie ein Fehler ist, diese Ideologie nur von der Warte der marxistisch-leninistischen Lehre aus zu betrachten und zu beurteilen. Kim Jong Il macht dies wie folgt deutlich: „Es ist ein Ausdruck der Abweichung, dass die *Juche*-Philosophie im Rahmen der materialistischen Dialektik des Marxismus interpretiert wird, und nichts weiter als eine Rechtfertigung einer falschen evolutionären Betrachtungsweise, wonach die wesentlichen

---

[227] Kim Il Sung, „Antworten auf Fragen australischer Journalisten", in: Kim Il Sung, Werke 29, Pyongyang: Verlag für fremdsprachige Literatur 1987, S. 543 f.

[228] Kim Jong Il, Über die Juche-Ideologie, S. 28

[229] Ebenda, S. 16

Eigenschaften des Menschen als Entwicklung und Vervollkommnung der biologischen Eigenschaften verstanden werden."[230]

So wird die *Juche*-Ideologie zu einer „neue(n) Philosophie mit eigenem System und Inhalt"[231] erklärt. Es ist somit unbedingt notwendig zu verstehen, „dass die *Juche*-Philosophie eine neue schöpferische und revolutionäre Philosophie ist."[232] Man müsse sich demnach mit der vorangegangen marxistisch-leninistischen Philosophie beschäftigen, deren fortschrittliche und positive Seiten verdeutlichen, zugleich aber deren Begrenztheit und Unausgereiftheit darstellen.[233] Immer wieder fordert Kim Jong Il, deutlich zu machen, dass es sich um keine bloße Weiterentwicklung des Marxismus handelt: „Wir haben klarzumachen, dass die *Juche*-Philosophie eine neue revolutionäre Philosophie ist, dürfen uns aber keineswegs einfach darauf beschränken, dass sie die vorangegangene Philosophie bloß weiterentwickelt hätte."[234]

Lenin hatte deutlich gemacht, dass nur derjenige als Marxist bezeichnet werden kann, der die Anerkennung des Klassenkampfs auch auf die Diktatur des Proletariats erstreckt.[235] Davon ist in der *Juche*-Philosophie nicht die Rede, der Rahmen der materialistischen Geschichtsauffassung ist verlassen. Ausschlaggebend sind nach der *Juche*-Philosophie auch nicht die materiellen Voraussetzungen, sondern der ideelle Faktor.

Ist nun die Arbeiterklasse als Subjekt der Geschichte zu betrachten? Die Juche-Ideologie verneint dies. Zum Subjekt der Revolution können die Klassen und Schichten werden, „die kämpfend nach der Souveränität streben"[236] Die *Juche*-Ideologie spricht nicht vom Klassenkampf und der Arbeiterklasse als dem Subjekt der Geschichte, sondern von den „Volksmassen". Die Arbeiterklasse spielt nach der *Juche*-Philosophie eine Rolle bei der Überwindung des

[230] Ebenda, S. 12
[231] Ebenda, S. 13
[232] Ebenda, S. 16
[233] Vgl. Kim Jong Il: „Einige Fragen über die ideologische Grundlagen des Sozialismus", in: Kim Jong Il, Ausgewählte Werke Bd. 10, S. 108
[234] Kim Jong Il, Über die Juche-Ideologie, S. 15
[235] Lenin, Wladimir Iljitsch: „Staat und Revolution", in: Lenin Werke, Dietz Verlag 1972, Band 25, S. 393-507
[236] Vgl. Kim Jong Il, In der Revolution und beim Aufbau die Rolle der Intellektuellen weiter verstärken 1995, S. 4

Kapitalismus - allerdings ist dies „nur“ ein (wenn auch wichtiger) Abschnitt in der Geschichte im Rahmen des Kampfes um die Durchsetzung der Souveränität der Volksmassen.[237] Am Begriff der „Volksmassen“ wird der Unterschied zur „Arbeiterklasse“ bereits deutlich. In der *Juche*-Ideologie ist der Kampf für den Sozialismus verbunden mit dem Kampf um nationale Souveränität. Revolutionäre können - bei entsprechender progressiver Gesinnung - aus allen Gesellschaftsschichten kommen. Alle Klassen und Schichten, die nach Souveränität streben, können das Subjekt der Revolution bilden.[238] Dies wird auch am Parteiemblem der PdAK sichtbar. Da ist außer Hammer und der Sichel (als Symbol für die Arbeiter und Bauern) ein Schreibpinsel als Symbol für die Intelligenz zu sehen. Eine solche Schicht, die nach Souveränität strebe, sei die Intelligenz.[239] Die *Juche*-Ideologie klammert sich nicht dogmatisch an die materialistische Geschichtsauffassung, sondern sie weist darauf hin, dass auch bedeutende Marxisten wie Engels oder Lenin bedeutende Revolutionäre waren, obwohl sie nicht aus der Arbeiterklasse stammten. Für Kim Jong Il sind daher auch „die Intellektuellen .. ein Bestandteil des Subjekts der Revolution“[240] Daher müsse man der Arbeit mit Geistesschaffenden große Aufmerksamkeit zuwenden: „Wir sollten genau wissen, dass die Intellektuellen zwar Kenner der Wissenschaft und Technik, aber nicht zu Schätzen in der Revolution und beim Aufbau, sondern zu Sorgenbereitern werden können, falls die Partei der Arbeiterklasse nachlässig mit ihnen arbeitet. Uns obliegt es, der Arbeit mit Intellektuellen stets besondere Aufmerksamkeit zu schenken...“[241] Wichtig ist demnach die Revolutionierung der Intelligenz und ihre Umformung nach dem Vorbild der Arbeiterklasse.[242] Das bedeutet, sie mit der revolutionären Ideologie und dem souveränen Bewusstsein der Arbeiterklasse auszurüsten, sie „sollten eher Revolutionäre sein als Wissenschaftler, Techniker und Spezialisten, die geistige Arbeit verrichten.“[243]

Die Volksmassen treiben in ihrem Bestreben nach Durchsetzung der Souveränität die Entwicklung bis zum Sozialismus/Kommunismus voran, die

---

[237] Vgl. ebenda, S. 22
[238] Vgl. ebenda, S. 4
[239] Vgl. ebenda
[240] Ebenda, S. 3
[241] Ebenda, S. 2
[242] Vgl. ebenda, S. 24 f.
[243] Ebenda, S. 25

aber nicht von alleine eintreten. Kim Jong Il formuliert dies wie folgt: „Der Sozialismus und Kommunismus ist ein großes historisches Vorhaben der Arbeiterklasse für die vollständige Durchsetzung der Souveränität der Volksmassen.“[244] In unserem Zeitalter sind es die werktätigen Volksmassen, die den Kampf für die Verwirklichung der Souveränität führen. Kim Jong Il führt dies wie folgt aus: „Unabänderlich stehen im Mittelpunkt der Geschichtsentwicklung unserer Epoche die Arbeiterklasse, die werktätigen Volksmassen. Millionen und aber Millionen Menschen, die lange Zeit unter der klassenmäßigen und nationalen Unterdrückung und Ausbeutung schmachteten, beschreiten voller Kraft den Weg der Souveränität, Unabhängigkeit und des sozialen Fortschritts; sie spielen bei der Gestaltung des Schicksals der Menschheit und der Zukunft der Welt eine immer größere Rolle. Durch diese dynamische Bewegung unserer Zeit gehen Kapitalismus und Imperialismus, die sich jahrhundertelang auf Kosten der werktätigen Volksmassen mästeten und deren Schicksal bestimmten, heute unaufhaltsam ihrem Ruin, ihrem Zusammenbruch entgegen und werden in den Abgrund der Geschichte gestürzt.“[245]

Da eine gleichzeitige Weltrevolution als nicht möglich betrachtet wird, zeigen die Erfahrungen der koreanischen Revolution, dass die Durchführung der Revolution nun zunächst einmal eine nationale Aufgabe ist, d.h. „die jeweilige souveräne Position kommt darin zum Ausdruck, das Recht als Herr der Revolution und des Aufbaus wahrzunehmen. Das bedeutet, dass die Volksmassen alle Probleme in der Revolution und beim Aufbau nach eigener Beurteilung und Entscheidung entsprechend ihren Interessen lösen. Das Recht auf die Lösung dieser Probleme steht nur dem Herrn, dem Volk des jeweiligen Landes, zu. Alle diese Probleme in jedem Land müssen unter allen Umständen nach Beurteilung und Entscheidung des Volkes des betreffenden Landes bewältigt werden. Allein dadurch kann das Volk jedes Landes seine Interessen verteidigen und seinen Willen sowie seine Forderungen durchsetzen. Kein Volk darf Druck und Einmischung von außen zulassen.“[246] Demnach wäre man durch Druck oder Bindung an andere nicht in der Lage, seine eigene Probleme selbst zu lösen, d.h. man würde das Recht als Hausherr verlieren. Wenn man sich dem Willen der anderen beugt und den eigenen Interessen zuwider handelt,

---

[244] Ebenda

[245] Ebenda, S. 17

[246] Kim Jong Il, Über die Juche-Ideologie, S. 22

„übt [man] faktisch Verrat am eigenen Recht als Hausherr. Die souveräne Position zeigt sich außerdem darin, in jedem Fall die Pflicht als Hausherr zu erfüllen. Das bedeutet, dass die Volksmassen alle Probleme in der Revolution und beim Aufbau als würdevoller Hausherr, in eigener Verantwortung und aus eigener Kraft lösen.“[247]

7. Die Rolle der Partei der Arbeit

Die Klassiker des Marxismus-Leninismus haben Kim Jong Il zufolge zwar die Notwendigkeit einer Vorhut der Arbeiterklasse dargelegt, wobei der von Marx geschaffene „Bund der Kommunisten“ die erste dieser Parteien gewesen sei, wobei er dieses Konzept direkt auf Marx zurückführt.[248] Lenin habe die Theorie über den Aufbau einer revolutionären Partei in der Epoche des Übergangs vom Kapitalismus zum Sozialismus weiterentwickelt. Die marxistischen „Klassiker“ hätten die Theorie zwar bis zur Machtübernahme entwickelt, zur Rolle der Partei beim Aufbau des Sozialismus sei aber von ihnen wenig Konkretes ausgesagt worden - und es waren ja noch keine Erfahrungen vorhanden. Die Theorie des Marxismus-Leninismus sei daher auch in Bezug auf die Rolle der Partei beschränkt. Da wir jetzt auch in einer neuen Epoche, der Ära der Souveränität, leben würden, müsse auch die Theorie der Partei dementsprechend weiterentwickelt werden.[249]

Die Volksmassen sind zwar nach der *Juche*-Philosophie das Subjekt der Gesellschaft, sie können ihre Rolle aber nur mit einer entsprechenden Anleitung gerecht werden, so wie auch das *Dschadschusong* beim Menschen erst entwickelt werden müsse. Kim Jong Il formuliert dies wie folgt: „Die Volksmassen sind zwar Schöpfer der Geschichte, doch können sie nur unter einer klugen Führung als Subjekt der gesellschaftlichen Entwicklung wirksam werden.“[250] Die Volksmassen können nur dann ihre Rolle als souveränes

---

[247] Ebenda

[248] Kim Jong Il: Über die Grundfragen des Aufbaus einer revolutionären Partei, Pyongyang 1992, S. 7

[249] Ebenda, S. 8

[250] Kim Jong Il, Über die Juche-Ideologie, S. 16

Subjekt wahrnehmen, wenn sie sich mit der Partei und dem Führer zu einem festen Ganzen vereinen.[251]

Kim Jong Il bringt dies wie folgt auf den Punkt: „Die Partei der Arbeiterklasse ist der Generalstab der Revolution, und der Führer der Arbeiterklasse steht am Steuer der Revolution. Ob die Volksmassen auf revolutionäre Weise in eine bewusste und organisierte Formation verwandelt werden und wie sie ihre revolutionären Aufgaben und ihre historische Mission erfüllen – das hängt von der klugen Leitung durch die Partei und dem Führer ab. Nur unter der klugen Lenkung der Partei und des Führers können die Arbeiterklasse, die Volksmassen den harten und komplizierten revolutionären Kampf um die Umgestaltung der Natur und Gesellschaft tatkräftig entfalten, dadurch die nationale und klassenmäßige Befreiung erringen sowie die sozialistische, kommunistische Gesellschaft erfolgreich aufbauen und sie zuverlässig gestalten.“[252] Es ist die Aufgabe der Partei und des Führers, den Volksmassen die richtige Leitideologie und die wissenschaftliche Strategie und Taktik zu vermitteln, das revolutionäre Bewusstsein bei ihnen zu wecken und sie zu organisieren.[253] Kim Jong Il definiert die Arbeiterpartei des neuen Zeitalters wie folgt: „Die Partei der Arbeiterklasse ist die Vorhut, die aus fortschrittlichen Elementen der werktätigen Massen besteht, und sie ist der Stab der Revolution, der den Kampf der Volksmassen um die Durchsetzung der Souveränität führt.“[254] Im Sozialismus muss die Partei der Arbeit die einzige wegweisende Kraft in der Gesellschaft sein.[255] Diese Partei muss die Staatsorgane, die die Macht ausüben, leiten. Es können zwar im Sozialismus noch andere Parteien neben dieser Partei bestehen, die Partei der Arbeit muss aber die führende Rolle innehaben. Alles andere bedeute das Ende des Sozialismus: „Die Hegemonie in der sozialistischen Gesellschaft, in der die Forderungen der Arbeiterklasse verwirklicht sind, anderen Parteien, die nicht eine Partei der Arbeiterklasse sind, zu überlassen, bedeutet schließlich Verzicht auf den Sozialismus … Werden diese Forderungen ignoriert und die führende Rolle der Partei der

[251] Vgl. Kim Jong Il, Unser Sozialismus, in dem die Volksmassen im Mittelpunkt stehen, ist unbesiegbar, S. 37

[252] Kim Jong Il, Über die Juche-Ideologie, S. 16

[253] Vgl. Kim Jong Il, Unser Sozialismus, in dem die Volksmassen im Mittelpunkt stehen, ist unbesiegbar Pyongyang 1991, S. 38

[254] Ebenda, S. 40

[255] Vgl. ebenda, S. 40 f.

Arbeiterklasse geschwächt oder abgelehnt, verlieren die werktätigen Volksmassen ihr wegweisendes Zentrum, stehen außerhalb der Organisation, werden uneinig und zersplittert, was zur Folge haben wird, dass Konterrevolutionäre die Volksstimmung verleiten und die Macht ergreifen. Ob die Führung der sozialistischen Gesellschaft durch die Partei der Arbeiterklasse gesichert wird oder nicht – das ist die Grundfrage, die das Schicksal des Sozialismus entscheidet."[256]

Kim Jong Il macht darauf aufmerksam, dass man in der Vergangenheit eine Partei als eine organisierte Formation einer bestimmten Klasse verstanden habe.[257] Das gehöre einer vergangenen Epoche an. Bei der PdAK sei dies nicht der Fall, sie sei wirklich eine Partei neuen Typs, die alle vereine, die nach Souveränität streben würden. Die Partei muss demnach eine Massenformation sein, die fortschrittliche Elemente aus der Arbeiterschaft, den Bauern und der Intelligenz umfasst und die die Interessen der Volksmassen vertritt und sich deshalb mit den Forderungen und Wünschen der Volksmassen vertraut machen muss. Um tief im Volk verwurzelt zu sein, müsse sie nah am Volk sein. Es sei von wesentlicher Bedeutung, dass sich die ganze Partei unter einer einzigen Ideologie zusammenschließe.[258] Kim Il Sung hat deutlich gemacht, dass diese Partei „auf der Grundlage einer einheitlichen Ideologie organisiert sein und .. sich von ihr leiten lassen [muss]. Nur dann kann man die Einheit des Denkens, Wollens und Handelns der Reihen der Partei sichern sowie die Revolution und den Aufbau siegreich leiten."[259] Dieses einheitliche ideologische System müsse stets bewahrt und konsolidiert werden. Die Schaffung und Konsolidierung der organisatorischen und ideologischen Grundlage entscheide darüber, ob diese Partei von innen und außen zerstört werden kann.[260] Verhindert werden müsse „das Eindringen des Windes der bürgerlichen Liberalisierung"[261] in die Partei, der zu einer Entartung und Vernichtung der Partei führen würde. Die feindlichen Strategien zielten darauf ab, das revisionistische Gedankengut in

---

[256] Ebenda, S. 41

[257] Vgl. Kim Jong Il, Die Verleumdung des Sozialismus ist unzulässig 1993, S. 10

[258] Vgl. Kim Il Sung, Zum 30. Jahrestag der Gründung der Partei der Arbeit Koreas, Pyongyang 1976, S. 18

[259] Ebenda

[260] Vgl. Kim Jong Il, Über die Grundfragen des Aufbaus einer revolutionären Partei 1992, S. 4

[261] Ebenda

der Partei zu verbreiten, um damit den souveränen Staat von innen zu zerstören und ihn wieder dem Imperialismus zu unterwerfen. Daher käme es darauf an, die Partei „unablässig zu festigen und ihre führende Rolle zu verstärken.“[262] Deshalb sei es falsch zu glauben, dass man „Reformen“ durchführen müsse, um eine angebliche Demokratisierung und wirtschaftlichen Erfolg zu erreichen: Auf diese Weise wurde der real existierende Sozialismus in Europa und in der Sowjetunion zerstört. Der Feind nütze die durch die „Reformen“ entstandenen „neuen Freiheiten“ aus, um sein Werk der Zerstörung der Souveränität nun auch aus dem Inneren des Landes selbst voranzutreiben. Deshalb müsse an erster Stelle die revolutionäre Erziehung der Partei und der Volksmassen stehen, die in der Lage sein müssten, die Machenschaften der Imperialisten zu erkennen und ihre Pläne zu durchkreuzen, um letztlich die Souveränität zu verteidigen.[263] Als hauptsächliche Methoden bei der Erziehung der Partei und der Massen werden Aufklärung und Überzeugung genannt.[264]

Daher müsse die ideologische Arbeit intensiviert werden und konsequent gegen überholte Arbeitsmethoden, Bürokratismus, Bestechlichkeit und Korruption vorgegangen werden, was das Vertrauen der Massen erschüttere. Auch müssten Funktionäre bescheiden auftreten und dem Volk dienend als Beispiel vorangehen, um das Vertrauen der Massen zu gewinnen. Kim Jong Il führt dies wie folgt aus: „Die Funktionäre sind keine besonderen Wesen, die über dem Volk stehen, sondern stammen aus den Volksmassen und sind ihre Dienstboten. Sie sollten als Diener des Volkes immer die Interessen der Volksmassen über ihre eigenen stellen… Die Funktionäre dürfen von den Volksmassen nicht den geringsten Abstand nehmen, sondern sollten aufgeschlossen sein. Sie sollten es sich abgewöhnen, sich wichtigtuerisch aufzuspielen… Das sinnvolle Leben der Funktionäre besteht darin, dass sie dem Volke dienen und sich seiner Wertschätzung und seines Vertrauens erfreuen.“[265]

Von großer Bedeutung für die Durchsetzung der Souveränität der Volksmassen ist Kim Jong Il zufolge die „Durchdringung der ganzen Gesellschaft mit einer einheitlichen Ideologie“, was dazu führen müsse, „die ideologische Erziehung

[262] Ebenda, S. 8
[263] Ebenda, S. 9
[264] Ebenda, S. 34
[265] Kim Jong Il: Unser Sozialismus, in dem die Volksmassen im Mittelpunkt stehen, ist unbesiegbar, Pyongyang 1991, S. 48

der Parteimitglieder in den Vordergrund zu stellen“[266]. Die Bildung von verschiedenen Fraktionen in der Partei ist demnach nicht nur kontraproduktiv, sondern führe zu einer ideologischen Verwirrung und Entartung, welche die einheitliche Weltanschauung gefährdet: „Die Einheit und Geschlossenheit der Partei ist lebenswichtig und die Quelle ihrer Macht. Wenn diese Einheit und Geschlossenheit zerstört ist, kann diese Partei selbst ihre Existenz nicht aufrechterhalten. Die Einheit und Geschlossenheit der Partei ist die Voraussetzung für die Erreichung der politisch-ideologischen Einheit der ganzen Gesellschaft.“[267] Als wichtig wird dabei die aktive Teilnahme der Mitglieder am Parteileben angesehen. Die revolutionäre Schulung und ideologische Stählung der Parteimitglieder sei wiederum die Grundlage für „die ideologische Umformung der ganzen Gesellschaft[268]. Die Partei greife die Forderungen der Volksmasse auf und leite wiederum die Massen an, den Weg bei der Durchsetzung dieser Forderungen zu weisen. Kim Jong Il führt wie folgt aus, wie man bei der Erziehung der Massen vorgehen sollte: „Die Hauptmethode der Massenerziehung ist Aufklärung und Überzeugung. Es ist ausgeschlossen, die Ideologie der Menschen mit administrativer Anweisung wie auch mit der Methode des Zwangs umzuformen. Die Ideologie muss man auf jeden Fall durch Aufklärung und Überzeugung als eigenen Glauben aufnehmen. Die Funktionäre sind aufgefordert, immer die Massen unermüdlich und mit Geduld aufzuklären und zu überzeugen. Die Erziehung durch das Positive ist eine mächtige Methode für die Erziehung der Menschen.“[269]

8. Der Führer als Gehirn der Revolution

Während die ideologisch einheitliche Partei die Volksmassen ideologisch anleitet, wird die Partei wiederum vom „Führer“ angeleitet. Kim Jong Il beschreibt die Herausbildung des Führungssystems auf der Basis des einheitlichen ideologischen Systems wie folgt:

[266] Kim Jong Il, Über die Grundfragen des Aufbaus einer revolutionären Partei 1992, S. 31
[267] Ebenda, S. 23
[268] Vgl. ebenda, S. 33
[269] Ebenda, S. 34

„Genosse Kim Il Sung baute unsere Partei als eine revolutionäre Partei auf, die sich das einheitliche ideologische System zuverlässig angeeignet hat. Bei diesem System geht es um das ideologische System des Führers und sein Führungssystem. Die Durchsetzung des einheitlichen ideologischen Systems ist der Hauptweg für die Entwicklung der Partei zu einer Partei des Führers. Nur wenn die Partei die Einheitlichkeit der Ideen und Führung durch die Durchsetzung dieser Systeme unbeirrt gewährleistet, vermag sie die ideologische Einheit und den organisatorischen Zusammenschluss ihrer Reihen zu erreichen und ihrer Rolle als leitende politische Organisation voll gerecht zu werden. Die Partei der Arbeiterklasse muss zu einem ideologisch reinen Kristall, zu einer organisatorischen Ganzheit werden, in der all ihre Mitglieder von einer einzigen Ideologie des Führers durchdrungen sind und unter seiner einheitlichen Leitung einmütig handeln. Das Ringen unserer Partei für die Durchsetzung des einheitlichen ideologischen Systems zielte darauf ab, ihre Mitglieder konsequent mit dem Gedankengut des Führers auszurüsten und im Denken und Wollen deren engen Zusammenschluss um seine Person zu sichern. In diesem Ringen ging es zugleich darum, die ihr fremden Ideen und fraktionsmacherischen Elemente zu beseitigen, die dem Gedankengut und der Leitung des Führers widersprechen und die Einheit und Geschlossenheit behindern.“[270]

Die Partei soll die Forderungen der Volksmassen widerspiegeln. Die einheitliche Leitideologie bedeutet, aufgrund der revolutionären Ideen des im Zentrum stehenden „Führers“ die Richtlinien der Politik zu erarbeiten, nach denen der gesamte Staat, die Partei und das Volk wie ein Mann handeln. Alle sind auf der Basis einer Ideologie um den „Führer“ herum zusammengeschlossen.[271]

Es soll hier zunächst bei diesen Ausführungen über die Rolle des „Führers“ in der *Juche*-Ideologie nicht unerwähnt bleiben, dass nach der *Juche*-Ideologie das koreanische *Suryòng*, das in deutschen Übersetzungen gewöhnlich mit „Führer“ übersetzt wird, im Englischen nicht einfach mit „leader“ übersetzt werden kann, da dieses englische Wort nicht dieselbe Bedeutung umfasse.[272] Hinzu kommt, dass dieses Wort im Deutschen sofort an die Zeit der NS-

[270] Kim Jong Il, Die Partei der Arbeit Koreas – die Partei des großen Führers Genossen Kim Il Sung 1995, S. 10

[271] Vgl. ebenda, S. 12

Diktatur zwischen 1933 und 1945 denken lässt. Das soll im Folgenden berücksichtigt werden, wenn der koreanische Begriff *Suryòng* dennoch mit „Führer" wiedergegeben wird – ganz einfach aus dem Grund, weil ein anderes Wort in diesem Zusammenhang unpassend erscheint.

„Führer", Partei und Volksmassen sollen nach der *Juche*-Philosophie zu einem organischen Ganzen mit einer einheitlichen Ideologie – der *Juche*-Philosophie – verschmelzen. So wie der Mensch nach der *Juche*-Ideologie ein biologischer Organismus sei, so sei die Gesellschaft ein sozialpolitischer Organismus. In seiner Schrift *Zu einigen Fragen der Erziehung in der Juche-Philosophie* bezeichnete Kim Jong Il den Führer als „das Gehirn des sozialpolitischen Organismus": „Da der sozialpolitische Organismus aus vielen Menschen besteht, benötigt er ein Zentrum, welches das einheitliche Kommando über die Aktivitäten der Gesellschaft ausübt. So wie das Gehirn des Menschen das Zentrum seines Lebens ist, so ist der Führer das höchste Hirn der sozialpolitischen Gemeinschaft..."[273] Demnach müssten sich „die breitesten Volksmassen um die Partei und den Führer fest zu einem Ganzen zusammenschließen"[274]. Kim Jong Il fährt wie folgt fort: „Die Partei ist die kernbildende Kraft, die die Volksmassen organisatorisch und ideologisch mit dem Führer verbindet. Um die Volksmassen um den Führer fest zusammenzuschließen und die politisch-ideologische Einheit der ganzen Gesellschaft zu erreichen, müssen vor allem die Reihen der Partei ... vereint und zusammengeschlossen sein. Die stabilste Einheit und Geschlossenheit der ganzen Partei ist die Einheit und Geschlossenheit der ganzen Partei mit dem Führer als Zentrum im Denken und Wollen sowie in der Moral und Pflichttreue."[275] In seiner Schrift „Über die Juche-Ideologie" bezeichnete Kim Jong Il die „Treue zu dem Führer" als den „Kern der *Juche*-Ideologie".[276] Der

---

[272] Vgl. Cho Hang-Gu, Die Chuch'e-Ideologie und der Marxismus-Leninismus, S. 8; https://www.koreaverband.de/publikationen/archive/1-99/1-99-art14.pdf

[273] Kim Jong Il, Zu einigen Fragen der Erziehung in der Juche-Ideologie (Juche sasang gyoyangesò chegitoenùn myòtkaji munjee taehayò), in: Kúlloja, hrsg. von Zentralkomitee der PdAK, 7. Heft, Pyóngyang: Kúllojasa, 1987, S. 13

[274] Kim Jong Il, Über die Grundfragen des Aufbaus einer revolutionären Partei 1992, S. 23 f.

[275] Ebenda, S. 24

[276] Kim Jong Il, zitiert nach Cho Hang-Gu, Die Chuch'e-Ideologie und der Marxismus-Leninismus, S. 7; https://www.koreaverband.de/publikationen/archive/1-99/1-99-

Führer ist demnach so etwas wie der „Schrittmacher“ zum Sozialismus, der die Revolution und den Aufbau des Sozialismus anleiten müsse. Die bisherige Geschichte der Volksmassen im Kampf um die Durchsetzung der Souveränität zeige, dass nur unter der Leitung des Führers ein Erfolg möglich sei.

Ein besonders gefährlicher Moment ist ein notwendiger Generationenwechsel in der Führung der revolutionären Partei und noch dazu dann, wenn die äußere Lage kompliziert ist und ein kleines Land um seine Souveränität ringt. Kim Jong Il macht dies wie folgt deutlich: „Das souveräne Werk der Volksmassen ist eine historische Sache des Führers und der Partei, die über Generationen hinweg vollzogen wird. Eine Partei der Arbeiterklasse vermag erst dann, wenn sie das Ideengut ihres Führers und seiner Führung von Generation zu Generation unbeirrbar fortführt, ihren revolutionären Charakter und ihr Aussehen als führende politische Organisation unverändert zu bewahren und die eigene ehrenvolle Mission bis ins letzte zu erfüllen. Damit eine Partei Ideengut und Führung ihres Führers richtig fortsetzen kann, muss sie bei bei ihrem Aufbau mit aller Konsequenz die Kontinuität gewährleisten. Andernfalls wird der Generationswechsel der Revolution unterbrochen, so dass Verräter an der Revolution auftreten und die große Sache des Führers und der Partei zugrunde richten. Das ist eine ernste Lehre, die von der Geschichte bewiesen wird.“[277] Es stellt sich somit die Frage, wie Einheit und Geschlossenheit in der Partei am besten zu sichern sind. Aus diesem Denken kann man folgern, dass die nordkoreanische Lösung für die Bestimmung des Nachfolgers des Führers, die im Westen mit Unverständnis zur Kenntnis genommen wird, im nordkoreanischen Denken die politische Stabilität und Kontinuität am besten und ohne Probleme gewährleistet, weil man sich eben der Gefahr eines Machtvakuums bewusst ist. Kim Jong Un spricht davon, dass die PdAK „eine feste organisatorisch-ideologische Basis und ein stabiles Führungssystem für die Fortsetzung und Vollendung der Sache des Führers über Generationen hinweg zustande[gebracht hat]; so wurden ohne die geringsten Wechselfälle und Abweichungen die Ideen und Führung des Führers über das Jahrhundert und Generationen hinweg fortgesetzt und der revolutionäre Charakter der kimilsungistisch-kimjongilistischen Partei unentwegt bewahrt.“[278] So ist es demnach wichtig, Kim Il Sung als Präsidenten und Kim Jong Il „als ewigen

art14.pdf

[277] Kim Jong Il, Die Partei der Arbeit Koreas – die Partei des großen Führers Genossen Kim Il Sung 1995, S. 16

Führer der PdAK zu verehren und den Kampf für die Umgestaltung der ganzen Partei getreu dem Kimilsungismus-Kimjongilismus energisch zu entfalten. Kim Jong Il ist Symbol der Stärke der PdAK und deren ewiger Führer. Ihn als ewigen Führer der PdAK unverändert hoch zu verehren ist die oberste Forderung unserer Revolution… Der große Kimilsungismus-Kimjongilismus ist ewig als Leitidee unserer Partei und Revolution hochzuhalten, und die unvergänglichen Führungsverdienste der großen Führer sind standhaft zu bewahren, zu verfechten und grenzenlos erstrahlen zu lassen.“[279]

Die Begründer des Marxismus stritten nicht ab, dass es im Verlauf der menschlichen Geschichte große historischen Persönlichkeiten wie Cäsar, Cromwell oder Napoleon gab. So schrieb Friedrich Engels in einem Brief an W. Borgius 1894 von den „sogenannten großen Männern“ der Geschichte, deren Bedeutung er wie folgt zurechtrückte: „Hier kommen dann die sogenannten großen Männer zur Behandlung. Dass ein solcher und grade dieser zu dieser bestimmten Zeit in diesem gegebenen Lande aufsteht, ist natürlich reiner Zufall. Aber streichen wir ihn weg, so ist Nachfrage da für Ersatz und dieser Ersatz findet sich, tant bien que mal, aber er findet sich auf die Dauer. Dass Napoleon grade dieser Korse, der Militärdiktator war, den die durch eignen Krieg erschöpfte französische Republik nötig machte, das war Zufall; dass aber in Ermangelung eines Napoleon ein andrer die Stelle ausgefüllt hätte, das ist bewiesen dadurch, dass der Mann sich jedes Mal gefunden, sobald er nötig war: Cäsar, Augustus, Cromwell etc. Wenn Marx die materialistische Geschichtsauffassung entdeckte, so beweisen Thierry, Mignet, Guizot, die sämtlichen englischen Geschichtsschreiber bis 1850, dass darauf angestrebt wurde, und die Entdeckung derselben Auffassung durch Morgan beweist, dass die Zeit für sie reif war und sie eben entdeckt werden *musste*.“[280]

Doch im Unterschied zu Engels gibt es nach der *Juche*-Ideologie historische Ausnahmeerscheinungen, die die ganze Geschichte in eine andere Richtung lenken können. Eine solche Persönlichkeit sei Kim Il Sung gewesen: „Die *Juche*-Ideologie, ihre Theorie und Methode, sind ein leuchtendes Ergebnis des

---

[278] Kim Jong Un: Rechenschaftsbericht des ZK der PdAK an den VII. Parteitag vom 7.5.2016, Berlin 2016, S. 80

[279] Ebenda, S. 84

[280] Engels, Friedrich: „Brief an W. Borgius in Breslau vom 25.1.1894, in: Marx Engels Werke (MEW), Band 39, http://www.mlwerke.de/me/me39/me39_205.htm

genialen Intellektes von Kim Il Sung und das Fazit seiner außergewöhnlich reichen und tiefsinnigen Erfahrungen. Neue revolutionäre Ideologien und Theorien kann nicht jedermann darlegen, nur weil sich die Zeit verändert und die Wirklichkeit diese verlangt; sie werden einzig und allein von einem hervorragenden Führer der Arbeiterklasse begründet, der sich durch eine herausragende Weitsicht auszeichnet. Nur solch ein Führer vermag die Forderungen der Zeit und die Bestrebungen des Volkes tiefgründig zu erfassen."[281] Bereits in der Vergangenheit war es der *Juche*-Philosophie zufolge so gewesen, dass hervorragende Führer der Arbeiterbewegung die revolutionäre Ideologie entwickelten und der Geschichte eine neue Wendung gaben: „Die revolutionäre Ideologie der Arbeiterklasse wird von ihren hervorragenden Führern begründet. Wir können sagen, dass in der über hundertjährigen Geschichte der kommunistischen Bewegung die Führer der Arbeiterklasse die revolutionäre Ideologie begründeten und weiterentwickelten und durch deren Verwirklichung Umwälzungen in der Welt herbeiführten. Mitte des 19. Jahrhunderts begründeten Marx und Engels den Marxismus, markierten somit die historische Mission der Arbeiterklasse, die den Schauplatz des Kampfes betrat, erhellten ihren Weg zur Befreiung, gaben dem Kampf gegen das Kapital Impulse und leiteten so den Beginn der internationalen kommunistischen Bewegung ein. Im Einklang mit den neuen historischen Bedingungen, unter denen der Kapitalismus in das Stadium des Imperialismus übergegangen war, entwickelte Lenin den Marxismus zum Leninismus, beflügelte somit die Arbeiterklasse und die Völker zum Kampf für den Sturz der Zitadelle des Imperialismus, für Freiheit und Befreiung, so dass die Übergangsperiode vom Kapitalismus zum Sozialismus ihren Anfang nehmen konnte. Kim Il Sung war sich zutiefst der Forderungen der neuen Epoche bewusst, in der die unterdrückten und erniedrigten Volksmassen als Herren ihres eigenen Schicksals auftraten, und begründete die große *Juche*-Ideologie; auf diesem Weg entwickelte er den Kampf der Volksmassen für ihre Souveränität auf einer neuen Stufe und eröffnete ein neues Zeitalter in der Geschichte der Menschheit, das *Juche*-Zeitalter."[282]

---

[281] Kim Jong Il, „Einige Fragen über die ideologischen Grundlagen des Sozialismus", in: Kim Jong Il, Ausgewählte Werke, Bd. 10, Pyongyang 1999, S. 107

[282] Kim Jong Il, Über die Juche-Ideologie, S. 3 f.

9. Die Geschichte der Menschheit ist die Geschichte des Kampfes um die Durchsetzung des *Dschadschusong*

Dem Menschenbild der *Juche*-Ideologie zufolge wirken in der menschlichen Gesellschaft nicht dieselben Gesetze wie in der unbelebten Materie, da der Mensch Herr seines eigenen Schicksals ist und die Welt nach seinem Willen gestalten kann. Der Mensch muss im Kampf zur Verwirklichung seiner Souveränität erst seine Abhängigkeit von der Natur überwinden. Die Menschen müssen die Natur umgestalten, um materielle Reichtümer zu erwerben.[283] Dazu entwickelt der Mensch die Produktivkräfte immer weiter. Nach der Abhängigkeit von der Natur muss die gesellschaftspolitische Abhängigkeit (von Ausbeutern) beseitigt werden, denn „solange die Volksmassen gesellschaftspolitisch abhängig sind, können sie weder in den vollen Genuss der Ergebnisse hoch entwickelter Produktivkräfte kommen noch sich von der reaktionären Ideologie und Kultur befreien."[284] Deshalb finden soziale Revolutionen statt, die somit der Verwirklichung der Souveränität der Volksmassen dienen. Als historische Gesellschaftsformationen erwähnt Kim Jong Il die Sklavenhaltergesellschaft, den Feudalismus, den Kapitalismus und den Sozialismus.[285] Die letzte Hürde, die die Volksmassen zur Verwirklichung ihrer Souveränität zu verwirklichen haben, ist die Überwindung des Kapitalismus, womit sowohl die Klassengesellschaft als auch die Unterdrückung der nationalen Souveränität überwunden werden kann: „Der Kapitalismus ist das letzte Ausbeutersystem in der Geschichte der menschlichen Gesellschaft, in dem das Streben und Verlangen der Volksmassen nach der Souveränität mit Füßen getreten werden, ist ein despotisches Unterdrückungssystem, in dem die Klassenherrschaft und die nationale Unterdrückung miteinander verbunden sind. Die Liquidierung der kapitalistischen Ordnung und die Errichtung der neuen, sozialistischen Ordnung sind eine historische Wende im revolutionären Kampf für die Souveränität."[286]

---

[283] Vgl. ebenda, S. 18

[284] Ebenda, S. 18 f.

[285] Vgl. ebenda, S. 19

[286] Ebenda

VII. Die *Songun*-Ideologie

1. Definition

Als *Songun*-Politik wird eine Politik, die das Militär in den Mittelpunkt der Aufmerksamkeit und ins Zentrum aller Anstrengungen rückt, bezeichnet. *Songun* kann man dabei mit „Militär zuerst" übersetzen: Das koreanische Wort *son* bedeutet „zuerst", *gun* „Militär". Das nordkoreanische Nachrichtenportal *Naenara* definiert die *Songun*-Politik wie folgt: „Die *Songun*-Politik ist ein sozialistischer Hauptpolitikstil von Kim Jong Il, der darin besteht, auf dem Prinzip der Wertlegung auf dem Gewehr und der Bevorzugung des Militärwesens die militärischen Arbeiten vor allen Angelegenheiten zu stellen, mit der Volksarmee als kernbildende Hauptformation die eigene Kräfte der Revolution zu verstärken und darauf beruhend die sozialistische Sache siegreich vorwärts zu treiben. Mit einem Wort bedeutet die *Songun*-Idee, das Militärwesen in den Vordergrund zu stellen, die revolutionäre Armee als Hauptkraft anzusehen und die Revolution und den Aufbau voranzutreiben."[287]

Kim Jong Il hat die *Songun*-Politik wie folgt erläutert: „Die Führung der *Songun*-Revolution durch unsere Partei und ihre *Songun*-Politik sind ein revolutionärer Führungsstil und ein politischer Stil des Sozialismus, der das Militärwesen als die allerwichtigste Staatsangelegenheit in den Vordergrund stellt und es ermöglicht, gestützt auf den revolutionären Charakter und die Kampfkraft der Volksarmee das Vaterland, die Revolution und den Sozialismus zu verteidigen sowie den gesamten sozialistischen Aufbau dynamisch voranzubringen. In der *Songun*-Politik ist das Militärwesen das Allerwichtigste, die Armee die Kern- und die Hauptformation der Revolution und die Festigung der Armee der Dreh- und Angelpunkt. Die wesentliche Charakteristik der *Songun*-Politik besteht darin, durch die Stärkung der Volksarmee zu unbesiegbaren revolutionären Streitkräften die Sicherheit des Vaterlandes und die Errungenschaften der Revolution zu verteidigen, das Subjekt der Revolution mit der Volksarmee als Kern- und Hauptformation zu festigen und alle Arbeiten beim sozialistischen Aufbau in revolutionärer und kämpferischer Weise zu entfalten."[288]

[287] http://www.nordkorea-info.de/die-songun-politik.html

In nordkoreanischen Quellen wird betont, dass die *Songun*-Idee ihre Wurzeln in der *Juche*-Philosophie hat.[289] Letztlich ist ja der Aufbau einer bedeutenden Verteidigungsmacht zur Bewahrung der Souveränität und die damit verbundene Aufwertung des Militärs ein Bestandteil der *Juche*-Philosophie. Die *Songun*-Politik ist demnach eine Radikalisierung der *Juche*-Idee angesichts der Notwendigkeit, in einer besonderen Situation bzw. angesichts einer Bedrohung die Souveränität des Landes zu verteidigen und daher alle wesentlichen Anstrengungen auf die Armee zu richten und sie in den Mittelpunkt der Politik zu stellen.

2. Ursprung

Als Ursprung dieser Idee werden in nordkoreanischen Quellen zwei Pistolen, die Kim Il Sung von seinem Vater erbte, und das Programm des „Verbandes zur Zerschlagung des Imperialismus" (VZI) genannt.[290] So wie die *Juche*-Idee erstmals auf der historischen Konferenz von Kalun 1930 von Kim Il Sung dargelegt wurde, so wurde auch die *Songun*-Politik erstmals auf dieser Konferenz begründet, indem der bewaffnete nationale Befreiungskampf zur Hauptlinie erklärt wurde.[291] Kim Jong Il verweist in diesem Zusammenhang auch auf die Tatsache, dass Kim Il Sung, der Gründer „*Juche*-Koreas", zuerst die Armee und dann erst die Partei gründete.[292]

Nach offizieller Darstellung begann die Führung der *Songun*-Revolution am 25. April 1932 mit der Organisation der „Antijapanischen Volkspartisanenarmee" durch Kim Il Sung.

---

[288] Kim Jong Il, Die Linie der Songun-Revolution - eine große revolutionäre Linie unseres Zeitalters und das stets siegreiche Banner unserer Revolution 2003, S. 1

[289] Vgl. das nordkoreanische Nachrichtenportal *Naenara*, http://www.nordkorea-info.de/die-songun-politik.html

[290] Vgl. http://www.naenara.com.kp/de/politics/?songun, abgerufen am 19.4.2018

[291] Vgl. das nordkoreanische Nachrichtenportal *Naenara*, http://www.nordkorea-info.de/die-songun-politik.html

[292] Vgl. Kim Jong Il, Die Linie der Songun-Revolution - eine große revolutionäre Linie unseres Zeitalters und das stets siegreiche Banner unserer Revolution, Pyongyang 2003, S. 2 f.

Kim Jong Il begann demnach im August 1960 die Führung der *Songun*-Revolution - in der Fortsetzung der *Songun*-Idee von Kim Il Sung; und er legte Mitte der 1990er Jahre die *Songun*-Politik als Hauptpolitikstil im Sozialismus fest.[293]

3. Das Wesen der *Songun*-Politik

Die Frage, welche Gesellschaftsschicht oder Klasse die Hauptformation der Revolution ist, ist für Kim Jong Il von großer Bedeutung: „Die Frage der Hauptformation der Revolution gehört zu den wichtigsten Fragen, die sich bei der Stärkung des Subjekts der Revolution, der Erhöhung seiner Rolle und bei der Weiterentwicklung der revolutionären Bewegung stellen. Welche Klasse und Schicht der Gesellschaft bzw. welches soziale Kollektiv zur Hauptformation der Revolution wird – das wird von der jeweiligen Stellung und Rolle in der Revolution und beim Aufbau, vom revolutionären Charakter, von der Organisiertheit und Kampfkraft bestimmt. Die Frage der Hauptformation der Revolution ist in keiner Zeit, in keiner Gesellschaft und in keiner Revolution unveränderlich und kann auch nicht nur auf Grundlage der Klassenverhältnisse gelöst werden.“[294]

Karl Marx hatte Mitte des 19. Jahrhunderts die sozialen und Klassenverhältnisse der westlichen kapitalistischen Länder analysiert und war zu dem Ergebnis gelangt, dass die Arbeiterklasse die revolutionäre Klasse ist, die die historische Mission hat, die Herrschaft des Kapitalismus zu überwinden. So betrachtete die Theorie des Marxismus-Leninismus die Arbeiterklasse als die Hauptformation der Revolution. Kim Jong Il bestreitet, dass die Arbeiterklasse zu allen Zeiten unter allen Umständen die Hauptformation der Revolution sei. Das spiegele die Wirklichkeit der damaligen kapitalistischen Gesellschaft wider. Er bezeichnet es als „Dogmatismus“, „dass die Arbeiterklasse zu jeder Zeit und überall die Hauptformation der Revolution sei ... und dies trifft auch prinzipiell nicht zu.“[295] Kim Jong Il zufolge hängt die

---

[293] Vgl. http://www.naenara.com.kp/de/politics/?songun

[294] Kim Jong Il, Die Linie der Songun-Revolution - eine große revolutionäre Linie unseres Zeitalters und das stets siegreiche Banner unserer Revolution 2003, S. 9 f.

[295] Ebenda, S. 10

Frage nach der Hauptformation der Revolution jedoch von den jeweiligen Verhältnissen bzw. Bedingungen in einer konkreten Zeit und in einem Land ab.

Die vor mehr als 150 Jahren von Marx aufgestellten Theorien können Kim Jong Il zufolge der heutigen Realität nicht mehr gerecht werden, die Situation der Arbeiterklasse habe sich stark gewandelt.[296] Im Zuge des wissenschaftlichen-technischen Fortschritts werde immer mehr Arbeit „durch Technik und künstliche Intelligenz erledigt. Die Reihen der Arbeiterklasse werden intellektualisiert, und die Zahl der Werktätigen, die mit technischer, durch künstliche Intelligenz geleisteter und geistiger Arbeit beschäftigt sind, nimmt gegenüber der der Handarbeiter rapide zu. Ferner festigt sich mit der Entwicklung des Kapitalismus die Herrschaft des Monopolkapitals und nehmen die reaktionäre bürgerliche Ideologie und Kultur weiter überhand, was das Wachrütteln und die Bewusstseinsbildung der Arbeiterklasse und ihre Revolutionierung stark hemmt. In Hinsicht der heutigen Umstände sowie der Arbeit und der sozialen Lage der Arbeiterklasse und der realen Sachlage der Arbeiterbewegung kann man die heutige Arbeiterklasse keinesfalls mit der in der Zeit des industriellen Kapitalismus oder der proletarischen Revolution gleichsetzen. Die veränderte gegenwärtige Umwelt und die realen Bedingungen verlangen neue Ideen und Theorien, Strategie und Taktik, um die breiten Massen, die gegen die Herrschaft des Monopolkapitals und die Aggressions- und Kriegspolitik des Imperialismus auftreten, wachzurütteln, zu organisieren, unter ihnen Kern bildende Reihen heranzubilden und die revolutionären Kräfte zu vergrößern und zu stärken. Die Beschränktheit der marxistischen revolutionären Theorie kam auch in der sozialistischen Gesellschaft, in der die Arbeiterklasse und die anderen werktätigen Volksmassen zu den Herren des Staates und der Gesellschaft geworden sind, deutlich zum Ausdruck. Da die herkömmliche Theorie, die sich auf die materialistische Geschichtsauffassung stützt, die Revolution als vollendet betrachtete, sobald die Arbeiterklasse die Macht ergriffen hat und sozialistische Produktionsverhältnisse entstanden sind, konnte sie weder den gesetzmäßigen Weg des sozialistischen Aufbaus nach dem Sieg der Revolution richtig darlegen noch insbesondere die Umformung des Menschen, die ideologische Revolution in der sozialistischen Gesellschaft erwähnen."[297]

---

[296] Ebenda, S. 6 f.

[297] Kim Jong Il: Die Linie der Songunrevolution – Eine große revolutionäre Linie unseres Zeitalters und das stets siegreiche Banner unserer Revolution, Pyongyang

Die *Songun*-Politik besagt, dass nun nicht mehr die Arbeiterklasse, sondern die Armee die Hauptkraft beim Aufbau des Sozialismus ist. Kim Jong Il stellt dies wie folgt dar: „Auf Grundlage der eingehenden Analyse der Entwicklung der Epoche und der veränderten Gesellschafts- und Klassenverhältnisse legte unsere Partei erstmalig in der Geschichte der revolutionären Bewegung die Idee der Voranstellung der Armee vor der Arbeiterklasse dar und stellte die Volksarmee als Kern- und Hauptformation der Revolution in den Vordergrund. Genau darin bestehen die Originalität und die unbesiegbare Macht der *Songun*-Politik."[298] Das heißt nun nicht, dass die Armee in anderen Ländern zu einer anderen Zeit ebenfalls die Hauptformation der Revolution sein muss, sondern dies hängt von den jeweils in einem Land herrschenden Gegebenheiten und den Anforderungen der jeweiligen Epoche ab.

4. Die *Songun*-Politik rückt in den Mittelpunkt

Kim Jong Il propagierte die *Songun*-Politik verstärkt in einer Zeit, nachdem der „real existierende Sozialismus" in den Staaten des ehemaligen Warschauer Pakts zusammengebrochen war und die Folgen auch für die DVRK schwerwiegende Ausmaße annahmen. Er legte die *Songun*-Politik Mitte der 90er Jahre des 20. Jahrhunderts als Hauptpolitikstil des Sozialismus fest.[299] Gerade nach dem Zusammenbruch der Sowjetunion und der Verkündigung einer neuen Weltordnung unter Führung der USA durch George Bush Sen. im Jahr 1990 wurden eine Stärkung der Verteidigungsfähigkeit in der DVRK für notwendig erachtet, um die Souveränität des Landes zu bewahren. Dies verstärkte sich nach dem Krieg gegen Jugoslawien 1999. Durch den Wegfall des Vetos der UdSSR im UNO-Sicherheitsrat schien die UNO in dieser neuen Weltordnung nun nicht mehr in der Lage, die Souveränität kleiner Staaten zu gewährleisten. So stellt sich die Situation aus der Sicht kleiner Länder dar, die nicht über ein Vetorecht im UN-Sicherheitsrecht verfügen und einen unabhängigen Kurs einschlagen wollen. Der Kampf um die Verteidigung der Souveränität konzentrierte sich somit auf die vorrangige Aufgabe, das Militär

2003, Seite 7

[298] Ebenda, S. 6

[299] Vgl. ebenda

in den Mittelpunkt zu stellen und das Abschreckungspotential gewaltig zu erhöhen. Kim Jong Il machte dies wie folgt deutlich: „Zu Beginn der 1990er-Jahre zerfiel der Sozialismus in der Sowjetunion und anderen sozialistischen Ländern Osteuropas, und in der weltpolitischen Struktur und dem Kräfteverhältnis vollzogen sich große Veränderungen. Die Wortführer des Imperialismus und die Opportunisten behaupteten zwar, dass durch das ‚Ende des Kalten Krieges' eine Zeit der Entspannung und des Friedens gekommen sei, aber die Welt kann niemals friedlich sein, solange der Imperialismus mit dem Säbel rasselt. Die reaktionären imperialistischen Kräfte verstärkten in Ausnutzung des Zerfalls des sozialistischen Weltsystems ihre Offensiven gegen die antiimperialistischen und souveränen Kräfte; insbesondere der US-Imperialismus, der als einzige Supermacht der Welt sein Haupt erhob, bediente sich auf dem internationalen Schauplatz der Gewalt und der Willkür, verletzte brutal die Souveränität anderer Länder und verfolgte besessener denn je die Aggressions- und Kriegspolitik, um seine Ambition der Weltherrschaft zu verwirklichen. Die reaktionären imperialistischen Kräfte richteten die Speerspitze ihrer Offensive auf unsere Republik, die unverändert unter dem hoch erhobenen Banner der Souveränität und des Sozialismus voranschreitet. Die US-Imperialisten und ihre Anhänger verstärkten einerseits wie nie zuvor ihre aggressiven militärischen Machenschaften, um unsere Republik gewaltsam zu strangulieren, und übten andererseits in allen Bereichen – Politik, Wirtschaft, Ideologie und Kultur sowie Diplomatie – Druck auf uns aus und griffen uns von allen Seiten an, um uns zu ersticken. Durch ihre Machenschaften zur Isolierung und Erdrosselung unserer Republik stand unsere Revolution vor in der Geschichte noch nie da gewesenen ernsten Prüfungen und Schwierigkeiten, und wir mussten in direkter Konfrontation mit dem US-Imperialismus den konzentrierten Offensiven der imperialistischen Aggressionskräfte trotzen. Die Konfrontation zwischen uns und dem Imperialismus war und ist eine Machtprobe, und die antiimperialistische militärische Front wurde zur Hauptfront und wichtigsten Lebensader unserer Revolution, die über Existenz oder Untergang des Landes und der Nation sowie des Sozialismus entscheidet. Nur wenn wir durch die Konzentration unserer Kraft aufs Militärwesen die Volksarmee stärkten und uns auf sie stützten, konnten wir das Schicksal des Landes und der Nation retten und die Revolution und den Aufbau zum Sieg führen. Deswegen sprechen wir davon, dass die Armee eben Partei, Staat und Volk ist. Hätten wir das Militärwesen vernachlässigt und die Armee nicht gestärkt, wären wir schon längst zugrunde gegangen, geschweige denn hätten Revolution und Aufbau vorangetrieben. Unser antiimperialistischer Kampf gegen die USA war ein höchst erbitterter Kampf zum Schutz des Vaterlandes und des Sozialismus. Nur die Volksarmee, die bewaffnete revolutionäre Formation, konnte der Mission und Rolle als Bannerträger der *Songun*-Politik unserer Partei gerecht werden."[300] Die *Songun*-Politik wird für notwendig befunden, so lange der Imperialismus existiere und sich aggressiv verhalte: „Die Linie der *Songun*-Revolution und die *Songun*-Politik sind eine strategische revolutionäre Linie und ein politischer Stil, welche man stets im Griff halten muss, solange der Imperialismus auf der Welt existiert und seine aggressiven Machenschaften fortdauern."[301]

In dieser Zeit müsse daher auch die Armee als Hauptformation der Revolution betrachtet werden und nicht die Arbeiterklasse: „Die *Songun*-Politik unserer Partei ist ein einzigartiger politischer Stil des Sozialismus, der die Frage der Hauptformation der Revolution auf neue Weise wissenschaftlich fundiert erläuterte und ausgezeichnet löste. Auf Grundlage der eingehenden Analyse der Entwicklung der Epoche und der veränderten Gesellschafts- und Klassenverhältnisse legte unsere Partei erstmalig in der Geschichte der revolutionären Bewegung die Idee der Voranstellung der Armee vor der Arbeiterklasse dar und stellte die Volksarmee als Kern- und Hauptformation der Revolution in den Vordergrund. Genau darin bestehen die Originalität und die unbesiegbare Macht der *Songun*-Politik."[302]

Die Streitkräfte geben Kim Jong Il zufolge ein genaues Abbild der Bevölkerung ab. In ihnen sind alle Teile der nordkoreanischen Gesellschaft gleichermaßen vertreten. Weiterhin wird die Armee als der am besten ideologisch geschulte Teil der nordkoreanischen Gesellschaft angesehen. Die Notwendigkeit dieser ideologischen Stählung wird mit den Umstürzen in den sozialistischen Staaten Osteuropas 1989-1991 begründet. Wegen seiner mangelhaften ideologischen Reife war das Militär demnach unfähig gewesen, gegen die konterrevolutionären Kräfte im Volk und in der Partei vorzugehen. In all diesen Staaten habe das Militär tatenlos zugesehen, wie der Sozialismus beseitigt wurde.[303] Aus diesem Desaster müssten Lehren gezogen werden. Im Gegensatz dazu müsse die KVA dazu in der Lage sein, aus ihren Reihen eine

[300] Ebenda, S. 4 f.

[301] Ebenda, S. 5

[302] Ebenda, S. 6

neue revolutionäre Partei zu bilden, falls die PdAK im Kampf gegen die Konterrevolution versagen würde.

Es darf nicht unerwähnt bleiben, dass die KVA im Zuge der *Songun*-Politik auch im Inneren eingesetzt wird, um sich am Bau von Großprojekten zu beteiligen und damit auch ganz konkret am Aufbau des Sozialismus mitwirkt.

VIII. Der Sozialismus

1. Der Kapitalismus kann die Probleme nicht lösen

Im Laufe des Kampfes der Volksmassen zur Verwirklichung des *Dschadschusong* in der Geschichte stellt der Kapitalismus das letzte Hindernis dar. Kim Jong Il macht dies wie folgt deutlich: „Der Kapitalismus ist das letzte Ausbeutersystem in der Geschichte der menschlichen Gesellschaft, in dem das Streben und Verlangen der Volksmassen nach der Souveränität mit Füßen getreten werden, ist ein despotisches Unterdrückungssystem, in dem die Klassenherrschaft und die nationale Unterdrückung miteinander verbunden sind. Die Liquidierung der kapitalistischen Ordnung und die Errichtung der neuen, sozialistischen Ordnung sind eine historische Wende im revolutionären Kampf für die Souveränität. Durch die Errichtung der sozialistischen Ordnung werden alle Ausbeuterklassen und -systeme, die das Streben der Volksmassen und ihr Verlangen nach der Souveränität missachten und unterdrücken, liquidiert und werden die Voraussetzungen geschaffen, unter denen die Volksmassen die Macht und Produktionsmittel fest in den eigenen Händen halten und ein souveränes Leben voll genießen können.“[304] Eine auf dem Privateigentum an den Produktionsmitteln beruhende Gesellschaft wie der Kapitalismus rufe unweigerlich antagonistische Klassengegensätze und soziale Ungleichheit hervor.[305] Die Idee der Demokratie werde in diesen Gesellschaften pervertiert, da die Kapitalistenklasse in den bürgerlichen Demokratien „die

[303] Kim Jong Il: Die Linie der Songun-Revolution – eine große revolutionäre Linie unseres Zeitalters und das stets siegreiche Banner unserer Revolution 2003, S. 3 ff.
[304] Kim Jong Il, Über die Juche-Ideologie, S. 19
[305] Vgl. Kim Jong Il, Der Sozialismus ist eine Wissenschaft 1994, S. 2

Ausbeutung und Unterjochung durch das Kapital erzwingt und theoretisch befürwortet“[306]. Sie sei daher nichts weiter als ein Trugbild.

Kim Jong Il weist weiterhin die „Totalitarismus-Theorie“[307], die faschistische und kommunistische Regimes wegen gewisser angeblicher gemeinsamer Merkmale gleichsetzt, entschieden zurück. Er bezeichnet diesen Vorwurf des Totalitarismus an den Sozialismus/Kommunismus als „eine absurde Sophisterei“ und begründet dies wie folgt: „Der Totalitarismus diente an und für sich den faschistischen Diktatoren als politische Idee ... Das reaktionäre Wesen des Totalitarismus besteht darin, dass unter dem Vorwand, die Individuen sollten sich der Gesamtheit unterwerfen, die Interessen der werktätigen Volksmassen der Habgier der reaktionären herrschenden Klasse zum Opfer fallen... Dem Sozialismus, in dem die Volksmassen Herren über alle Dinge sind, ‚Totalitarismus‘ vorzuwerfen ist schließlich eine absurde Sophisterei, die die fortschrittlichste, das Anliegen der Volksmassen widerspiegelnde Idee mit der reaktionären Idee der faschistischen Herrscher gleichsetzt.“[308] Dass solche Theorien auf fruchtbaren Boden fallen, liegt seines Erachtens darin, dass die Menschen nicht ausreichend ideologisch aufgeklärt wären und die Theorie des Sozialismus nicht weiterentwickelt worden sei.[309] Es käme deshalb darauf an, „die sozialistische Ideologie ständig weiterzuentwickeln, zu vollenden und die Volksmassen fest damit auszurüsten, damit sie den Sozialismus unbeirrt zu ihrem Glaubensbekenntnis machen. Den Glauben an den Sozialismus werden sie haben, wenn sie von der Richtigkeit der Sache des Sozialismus fest überzeugt sind.“[310] Wenn in jedem Land eine Weiterentwicklung der sozialistischen Ideologie stattgefunden hätte, dann wäre der Kollaps der sozialistischen Systeme in Osteuropa verhindert worden.[311]

[306] Kim Jong Il, Die Verleumdung des Sozialismus ist unzulässig 1993, S. 1

[307] Vgl. z.B. Lieber, Hans Joachim: Zur Theorie totalitärer Herrschaft, in: Lieber, Hans-Joachim (Hrsg.), Politische Theorien von der Antike bis zur Gegenwart, Bonn 1991, S. 881–931

[308] Kim Jong Il, Die Verleumdung des Sozialismus ist unzulässig 1993, S. 3 f.

[309] Vgl. ebenda, S. 5

[310] Ebenda, S. 5 f.

[311] Vgl. ebenda, S. 6

2. Eine neue Lehre des Sozialismus

Der Marxismus-Leninismus ist der *Juche*-Ideologie zufolge „die vorangegangene Lehre vom Sozialismus“[312]. Aufgrund des Übergangs zur Epoche der Souveränität „verlangte die Geschichte, die Weltanschauung der Arbeiterklasse von neuem zu vervollständigen.“[313] Es war Kim Jong Il zufolge Kim Il Sung, der „die historische Aufgabe, den Sozialismus auf ein neues Fundament zu heben, .. hervorragend“ löste und „die *Juche*-Ideologie begründete und auf dieser Basis die Theorie des Sozialismus schöpferisch entwickelte.“[314] Diese Theorie beruhte auf den Erfahrungen der koreanischen Revolution. Kim Jong Il verweist darauf, dass das koreanische Volk „in einer Situation der Rückständigkeit der kolonialen und halbfeudalen Gesellschaft mit dem Kampf um den Sozialismus“ begann.[315] Er fährt fort, dass „unter ungewöhnlich schweren Bedingungen die Revolution verwirklich(t) und de(r) Aufbau“[316] gemeistert wurde, weil die Partei die Massen im Sinne der *Juche*-Philosophie organisatorisch und ideologisch um sich und den Führer zusammenschloss. Da die Partei beim Aufbau des Sozialismus die ideologische Arbeit und die Umformung des Menschen in den Vordergrund stellte, konnte sie demnach den Aufbau beschleunigt vollziehen und die Revolution konsolidieren.

Auch die neue Theorie des Sozialismus, die die *Juche*-Philosophie verkündet, unterscheidet zwischen Sozialismus und Kommunismus, wobei der Sozialismus lediglich als eine Vorstufe zum Kommunismus angesehen wird: „Sozialismus und Kommunismus unterscheiden sich voneinander lediglich in ihrem Entwicklungsstand und Reifegrad; sie sind eine Gesellschaft gleichen Typs mit der gemeinsamen politisch-ökonomischen und ideologischen Basis. Der Sozialismus als eine niedrige Stufe des Kommunismus hat als seine wesenseigenen Spezifika einen kommunistischen Charakter. Deshalb ist die

---

[312] Ebenda

[313] Kim Jong Il: „Einige Fragen über die ideologische Grundlagen des Sozialismus“, in: Kim Jong Il, Ausgewählte Werke 1999, Bd. 10, S. 95

[314] Kim Jong Il, Der Sozialismus ist eine Wissenschaft, Pyongyang 1994, S. 10

[315] Ebenda, S.11

[316] Ebenda

Weiterentwicklung und Vervollkommnung des Sozialismus ein Prozess des Aufbaus des Kommunismus."[317]

Da die *Juche*-Ideologie im ideologischen Bewusstsein den Hauptfaktor für die Gesellschaftsentwicklung sieht, betrachtet sie beim Aufbau des Sozialismus auch die Umformung des ideologischen Bewusstseins der Menschen als vorrangig.[318] Statt das materielle Interesse der Menschen in den Vordergrund zu stellen, müsste der Hebel „der Erziehung im Geiste der sozialistischen Ideologie genutzt werden."[319] Wenn man die materielle Stimulation als vorrangig betrachte, könne man den Sozialismus nicht aufbauen: „Wenn man nur das materielle Interesse in den Vordergrund stellt, so werden die Menschen zu Egoisten herabsinken, die nur ihre persönlichen Interessen im Auge haben, so dass die Gesellschaft in Stagnation versinkt und das Fundament des Sozialismus abgerissen wird."[320]

3. Die Erklärung für das Scheitern des „real existierenden Sozialismus" in Osteuropa

Im Jahr 1994, in einer Zeit als der Sieg des westlichen Kapitalismus nach dem Zusammenbruch des Ostblocks ein endgültiger zu sein schien und der amerikanische Philosoph Francis Fukuyama das Ende der Geschichte verkündete[321], schrieb Kim Jong Il seine programmatisches Schrift „Der Sozialismus ist eine Wissenschaft".

Kim Jong Il gibt darin seiner Meinung Ausdruck, dass der derzeitige Zustand der Welt kein stabiler Endzustand sein kann, da sie voll innerer Widersprüche sei und der Kapitalismus zu viel Leid produziere. Der Kapitalismus erobert nicht nach und nach alle Länder, sondern schafft Ungleichheit auf der Welt. Die Souveränität der Volksmassen könne in einer antagonistischen

317 Kim Jong Il: Einige Fragen über die ideologische Grundlagen des Sozialismus, in: Kim Jong Il, Ausgewählte Werke Bd. 10, S. 105

318 Vgl. Kim Jong Il, Die Verleumdung des Sozialismus ist unzulässig 1993, S.16

319 Ebenda

320 Ebenda

321 Fukuyama, Francis: Das Ende der Geschichte 1992

Klassengesellschaft nicht verwirklicht werden, eine auf dem Privateigentum beruhende bringt stets wachsende soziale Ungleichheit, Ausbeutung und Unterdrückung hervor.[322] Die „Verräter am Sozialismus“ hätten Kim Jong Il zufolge „Illusionen über den Kapitalismus“ verbreitet, „um diese überholte Gesellschaft zu restaurieren“[323] In gewisser Weise macht er aber auch die „historische Begrenztheit“ der „vorangegangenen Lehre vom Sozialismus“[324], womit er den Marxismus-Leninismus meint, für die schwierige Situation, in die die Sowjetunion und ihre osteuropäischen Verbündeten Ende der 80er Jahre gerieten, verantwortlich. Gerade diese Schwächen aber wurden Kim Jong Il zufolge durch die *Juche*-Philosophie beseitigt: „Die historische Aufgabe, den Sozialismus auf ein neues .. Fundament zu heben, wurde hervorragend dadurch gelöst, dass der große Führer Genosse Kim Il Sung die *Juche*-Ideologie begründete und auf dieser Basis die Theorie des Sozialismus schöpferisch entwickelte… Die vom Genossen Kim Il Sung wissenschaftlich systematisierte Theorie des Sozialismus legt das Hauptgewicht auf den Menschen und stellt die Volksmassen in den Mittelpunkt.“[325] Im Gegensatz dazu sei in den Ländern, wo der Sozialismus gescheitert sei, versäumt worden, die Theorie vom Sozialismus weiterzuentwickeln und zu vervollkommnen. Es sei jedoch erforderlich, „die sozialistische Ideologie ständig weiterzuentwickeln, zu vollenden und die Volksmassen fest damit auszurüsten, damit sie den Sozialismus unbeirrt zu ihrem Glaubensbekenntnis machen. Den Glauben an den Sozialismus werden sie haben, wenn sie von der Richtigkeit der Sache des Sozialismus fest überzeugt sind.“[326]

Die Volksmassen seien das Subjekt der gesellschaftlichen Bewegung. Daher müsse das Schwergewicht auf den ideologischen Bereich gelegt werden: „In der sozialistischen Gesellschaft erweisen sich die Umerziehung des Menschen und die ideologische Umformung als eine wichtigere und vordringlichere Aufgabe als die Schaffung der materiell-ökonomischen Bedingungen. Nur wenn der Umerziehung des Menschen Vorrang eingeräumt wird, ist es möglich, das Subjekt der Revolution zu konsolidieren, seine Rolle zu verstärken und den

---

[322] Vgl. Kim Jong Il, Die Verleumdung des Sozialismus ist unzulässig 1993, S. 2

[323] Ebenda, S. 9

[324] Ebenda, S. 6

[325] Ebenda, S. 5

[326] Ebenda, S. 6

Sozialismus erfolgreich aufzubauen."[327] Gerade das aber sei im real existierenden Sozialismus des Ostblocks vernachlässigt worden: „Wenn man in der sozialistischen Gesellschaft den objektiven materiell-ökonomischen Bedingungen entscheidende Bedeutung beimisst...., dabei aber die ideologische Umerziehung der Volksmassen vernachlässigt und es versäumt, das Subjekt der Revolution zu festigen und seine Rolle zu verstärken, kann der gesamte sozialistische Aufbau nicht richtig vorangetrieben werden und der Wirtschaftsaufbau selbst nicht frei von Stagnation sein. Nicht selten traten solche Erscheinungen in bestimmten Ländern auf, die einst den Sozialismus gestalteten. Die Renegaten des Sozialismus nutzten dies als Chance, befassten sich mit dem Spiel der ‚Perestroika', sie verübten so konterrevolutionäre Handlungen und führten die Zerstörung der sozialistischen Wirtschaftsordnung selbst herbei."[328]

Neben den Machenschaften ausländischer Mächte sieht Kim Jong Il die Ursachen für das Scheitern des Sozialismus in Osteuropa auch in der mangelnden Souveränität der Ostblockstaaten. Statt den Marxismus-Leninismus schöpferisch auf ihre eigenen Verhältnisse anzuwenden, habe man blindlings die Sowjetunion kopiert.[329] Diese Staaten Osteuropas hätten Kim Jong Il zufolge „einfach die Leitsätze des Marxismus-Leninismus .. [angewandt], die vor langer Zeit dargelegt wurden, und ahmten mechanisch die Erfahrungen der Sowjetunion nach. Als solch typisches Beispiel sind die vielen osteuropäischen Länder anzuführen. Sie standen in der Zeit des 2. Weltkrieges unter der Okkupation des faschistischen Deutschlands, wurden dann von der Sowjetunion befreit und schlugen mit Hilfe der UdSSR den Weg des Sozialismus ein. Sie verstanden die bedingungslose Akzeptanz der Leitsätze des Marxismus-Leninismus und der sowjetischen Erfahrungen als Wahrung des revolutionären Prinzips und des Internationalismus, davon ausgehend übernahmen sie den Sozialismus sowjetischer Prägung vorbehaltlos ... Da die Zeit sich verändert hat und die konkrete Realität des Landes verschieden ist, kann man den Sozialismus nicht richtig errichten, wenn die bestehenden Erfahrungen verabsolutiert oder dogmatisch übernommen werden."[330]

---

[327] Kim Jong Il, Der Sozialismus ist eine Wissenschaft 1994, S. 8 f.

[328] Ebenda, S. 9

[329] Vgl. Kim Jong Il: „Einige Fragen über die ideologische Grundlage des Sozialismus", in: Kim Jong Il, Ausgewählte Werke Bd. 10 1999, S. 90 ff.-

Damit fordert die *Juche*-Ideologie, dass jeder Staat seine eigene nationale Form des Sozialismus entwickeln und aufbauen soll. Die nationale Frage ist in der Juche-Ideologie von erheblicher Bedeutung. Erst wenn alle Staaten der Welt souverän sind, erscheint ein weltweiter Sozialismus möglich. Es darf kein sozialistischer Staat dazu gedrängt werden, das Sozialismusmodell eines anderen Staates zu kopieren. Diese Ideologe hat sicherlich mit den Erfahrungen zu tun, die Kim Il Sung mit seinen mächtigen Nachbarn China und Sowjetunion machte.

Wie will man in der DVRK eine Entwicklung wie in Osteuropa verhindern? Natürlich geht man in der *Juche*-Philosophie davon aus, dass der politische, ökonomische und militärische Druck des Imperialismus von außen darauf abzielt, Unzufriedenheit in der Bevölkerung zu erzeugen und damit einen *Regime Change* zu ermöglichen. Die politischen Antworten darauf sind der Aufbau einer militärischen Abschreckungsmacht sowie das Streben nach weitgehender wirtschaftlicher Autarkie. Revisionisten in der Partei könnten geneigt sein, diesem Druck nachzugeben und „Reformen" einzuleiten, weshalb die ideologische Arbeit verstärkt und der Geist der *Songun*-Politik verbreitet werden müsse. Fraktionen innerhalb der Partei dürften nicht toleriert werden, die einheitliche Ideologie und das organische Ganze zwischen Führer, Partei und Volksmassen müssten gewahrt bleiben.

Ideologische Defizite bzw. die Beschränktheit des Marxismus-Leninismus, die Vernachlässigung der ideologischen Arbeit, die blinde Nachahmung der Sowjetunion, ohne die eigenen Verhältnisse zu berücksichtigen, schablonenhaftes Denken und Dogmatismus sind für Kim Jong Il somit wesentliche Fehler, die zum Scheitern des „real existierenden Sozialismus" führten. Das alles wurde aber ihm zufolge durch die *Juche*-Ideologie vermieden, weshalb diese Ideologie der eigentliche Grund sei, warum der Sozialismus in der DVRK standhalten konnte und nicht unterging: „Weil wir uns nach der *Juche*-Ideologie richten, konnten wir die Frage der Festigung und Weiterentwicklung der ideologischen Basis des Sozialismus bestens lösen. Hätten wir keine *Juche*-Ideologie und anderen blindlings nachgeahmt, so wären wir außerstande gewesen, einen einzigartigen, in der Welt

[330] Kim Jong Il: „Der Sozialismus unseres Landes ist der Sozialismus unserer Prägung, in dem die Juche-Ideologie durchgesetzt ist", in: Kim Jong Il, Ausgewählte Werke Bd. 10, Pyongyang 1999, S. 488

vorzüglichsten Sozialismus unserer Prägung aufzubauen. Der Sozialismus, der heute in der Welt politisch am stabilsten und in dem das Leben voller Vitalität ist, ist unser Sozialismus, in dem die *Juche*-Ideologie verkörpert ist."[331] Da man selbst – dank der *Juche*-Ideologie - einen vorzüglichen Sozialismus aufgebaut habe, habe man nichts zu korrigieren und auch keine Reformen nötig: „Wir haben beim Aufbau des Sozialismus keinen Fehler begangen und haben auch nichts umzustrukturieren."[332]

Zusammenfassung

Die grundlegenden Ideen der *Juche*-Ideologie wurden nach offizieller Darstellung bereits 1930 von Kim Il Sung auf der Konferenz von Kalun (China) verkündet, Im Jahr 1955 wurde die *Juche*-Philosophie erstmals vorgestellt. Der vollständige Sieg der *Juche*-Philosophie wurde auf dem VI. Parteitag der *Partei der Arbeit Koreas* (PdAK) 1980 verkündet. In der Zeit dazwischen wurde die *Juche*-Ideologie mehr und mehr entwickelt, ergänzt und zu einem Gedankengebäude ausgebaut. Sie musste sich in der PdAK auch gegen den Widerstand traditioneller Marxisten-Leninisten durchsetzen. Die *Juche*-Philosophie wurde danach als die leitende Ideologie der DVRK in der Verfassung verankert. Kim Jong Il definierte die diesbezüglichen Ideen Kim Il Sungs als „Kimilsungismus". Kim Jong Il verfasste mit seiner Schrift „Über die Juche" die wohl bedeutendste Darstellung der *Juche*-Ideologie, die von Kim Il Sung als perfekt bezeichnet wurde. Kim Jong Un, der derzeitige „Oberste Führer" der DVRK, hat das Denken Kim Il Sungs und Kim Jong Ils als „Kimilsungismus-Kimjongilismus" definiert.

Die *Juche*-Ideologie entstand in diesem Zeitraum in einem verhältnismäßig kleinen Land, das zunächst seine Unabhängigkeit von einer Kolonialmacht erkämpfen und diese danach im Kalten Krieg in der direkten Nachbarschaft zweier zerstrittener Großmächte bewahren musste. Nach dem Zusammenbruch des Ostblocks sah man diese Souveränität noch dazu durch die Herausbildung

[331] Kim Jong Il: „Einige Fragen über die ideologische Grundlage des Sozialismus", in: Kim Jong Il, Ausgewählte Werke, Bd. 10, Pyongyang 1999, S. 91

[332] Kim Jong Il: „Über einige Aufgaben in der ideologischen Erziehungsarbeit der Partei", in: Kim Jong Il, Ausgewählte Werke, Bd. 10, Pyongyang 1999, S. 33

einer unipolaren Weltordnung, in der für die Sicherheit kleiner Länder nicht mehr garantiert werden kann, mehr denn je bedroht. Es ist daher nicht schwer zu verstehen, dass der Begriff der Souveränität, die Erkämpfung und Bewahrung der Souveränität, in den Mittelpunkt des politischen Denkens geriet. Die eigenen Erfahrungen bzw. die eigene Praxis standen dabei im Zentrum. Erstmals angedacht im Kampf gegen die Japaner, wurde die Bewahrung der ideologischen Eigenständigkeit im ideologischen Streit zwischen der VR China und der Sowjetunion von großer Bedeutung. Nach dem Zusammenbruch des Ostblocks und dem Untergang der Sowjetunion scheint der Kampf um die Erhaltung der Souveränität aktueller denn je.

Die *Juche*-Ideologie will nach ihrem eigenen Selbstverständnis keine bloße Weiterentwicklung des Marxismus-Leninismus sein, sondern eine eigenständige Ideologie. Sie entwickelte sich zwar zunächst innerhalb des Marxismus-Leninismus, verließ aber dann diesen Rahmen und entwickelte sich zu einer eigenständigen Ideologie. Es ist daher der *Juche*-Ideologie zufolge ein Fehler, diese Philosophie von der Warte des Marxismus-Leninismus aus erfassen oder kritisieren zu wollen.

In jeder Epoche stehen der *Juche*-Philosophie zufolge andere philosophische Fragen im Zentrum der Aufmerksamkeit. Weltanschauungen und Ideologien sind nach der *Juche*-Ideologie historisch bedingt. Der *Juche*-Philosophie zufolge unterliegt daher auch der Marxismus-Leninismus einer historisch-epochal bedingten Beschränktheit. Die *Juche*-Ideologie ist nach ihrem Selbstverständnis die neue Ideologie für unsere Epoche, die durch den Kampf der Nationen um ihre Souveränität gekennzeichnet ist - sie ist demnach völlig neu und eigenschöpferisch.

Obwohl die *Juche*-Philosophie den Dialektischen Materialismus in vielfacher Hinsicht kritisiert, erkennt sie dennoch dessen Verdienste an, insbesondere die Erkenntnis, dass sich die Welt aus Materie zusammensetzt und objektiven Gesetzen gehorcht und sich nach diesen verändert und entwickelt. Es wird auch anerkannt, dass das „gesellschaftliche Sein“ das Bewusstsein des Menschen bestimmt. Aber diese Fragen interessieren die *Juche*-Philosophie nicht wirklich und sie schweigt bei vielen Fragen bewusst, da dies Fragen sind, die nicht im Mittelpunkt der Auseinandersetzung unserer Tage stehen, sondern einer vergangenen Epoche angehören. Weiterhin bedeute eine solche Herangehensweise wiederum, die *Juche*-Ideologie von der Warte des

Marxismus-Leninismus aus zu erklären und zu bewerten. **Während der Marxismus-Leninismus aber eine revolutionäre materialistisch-dialektische Weltanschauung ist, handelt es sich bei der *Juche*-Philosophie um eine revolutionäre anthropozentrische Ideologie.**

Eine Übertragung von Naturgesetzen auf die menschliche Gesellschaft ist der *Juche*-Ideologie zufolge nicht möglich, da die *Juche*-Ideologie nach ihrem Selbstverständnis zum ersten Mal in der Geschichte ein wissenschaftliches Menschenbild entwickelt hat, welches die wesentlichen Attribute des Menschen wissenschaftlich erforscht und dargelegt habe. **Demnach hat die *Juche*-Ideologie die im Zentrum des philosophischen Fragens unserer Zeit stehende Frage beantwortet, wer Herr der Welt ist und worin die Kraft besteht, die es vermag, die Welt umzugestalten.** Es ist der Mensch, der im Mittelpunkt der *Juche*-Philosophie steht - er (bzw. sie) ist das am höchsten entwickelte und stärkste Wesen auf der Erde. Die *Juche*-Philosophie beruht auf dem philosophischen Grundsatz, dass der Mensch der Herr aller Dinge ist und über alles entscheidet.

Der Mensch wird definiert ist ein gesellschaftliches Wesen, dem *Dschadschusong,* Bewusstsein und Schöpfertum eigen ist. Alle Handlungen des Menschen werden durch sein Bewusstsein bestimmt. Der über ein selbständiges Bewusstsein verfügende Mensch ist nicht blind den Naturgesetzen ausgeliefert, sondern er (bzw. sie) kann sie erkennen und sie sich zu Diensten machen und so - in Übereinstimmung mit seinen Wünschen und Bedürfnissen - die Natur umgestalten. So entwickelt der Mensch Wissenschaft und Technik und wird zum Herrscher über die Welt, zum alles entscheidenden Faktor. Natur und Gesellschaft werden vom Menschen beherrscht und verändert. **Die sozialhistorische Entwicklung kann somit keinesfalls als ein Prozess der Naturgeschichte angesehen werden.**

Außer den angeborenen Eigenschaften gibt es beim Menschen auch Attribute, die sich historisch herausbilden und entwickeln: Souveränität (*Dschadschusong*), Bewusstsein (*Ùisiksòng*) und Schöpfertum (*Changdschosòng*). Das *Dschadschusong* rückt dabei in das Zentrum der *Juche*-Philosophie, man kann die *Juche*-Philosophie nicht verstehen, wenn man das *Dschadschusong* nicht versteht. Der Begriff des *Dschadschusong* ist mit Souveränität nur unzureichend übersetzt, er ist vielmehr der Wille und das Streben nach Souveränität, welcher erst historisch – im Laufe der Geschichte –

hervortritt und oft geweckt werden muss. Beim *Dschadschong* handelt es sich somit um eine sozialhistorische Kategorie. Es ist eine Eigenschaft des Menschen, die sich daraus ergibt, dass der Mensch ein gesellschaftliches Wesen ist. Im gesellschaftlichen Leben macht der Mensch in den vorgefundenen Produktionsverhältnissen bestimmte Erfahrungen (wie Unterdrückung oder Unterordnung), woraus sich im Laufe der Zeit (nicht zwangsläufig) der Wille und das Bestreben ergibt, souverän leben zu wollen. Das *Dschadschusong* ist somit eine menschliche Eigenschaft, die der Mensch inhärent hat, die sich aber erst unter gewissen historischen Bedingungen herauskristallisiert. Es ist die Basis der Menschenwürde. Die sozialhistorisch hergeleitete Kategorie des *Dschadschusong* mündet in einen Kampf des Menschen um Durchsetzung der Souveränität, bis dieses Ziel erreicht ist.

Das *Dschadschusong* ist somit eine sozialhistorisch bedingte Eigenschaft des Menschen, der den Willen entwickelt, als Herr der Welt und seines Schicksals souverän zu leben, die Welt umzugestalten und dabei jede Form der Unterdrückung zu beseitigen. Man kann ein „individuelles“ und „kollektives *Dschadschusong*“ unterscheiden.

Dieses *Dschadschusong* bzw. dieser Wille und dieses Streben nach Souveränität wird in der *Juche*-Philosophie zum treibenden Element in der Geschichte, das den Menschen nach einer Gesellschaft ohne Ausbeutung und Unterdrückung streben lässt. So wird die Durchsetzung der Souveränität zum zentralen Thema der *Juche*-Philosophie. Die Souveränität ist demnach die Basis der Menschenwürde und muss auf individueller, kollektiver und nationalstaatlicher Ebene verwirklicht werden. Um die Souveränität auf nationalstaatlicher Ebene zu verwirklichen, müssten die folgenden Leitprinzipien konsequent eingehalten werden: Die Eigenständigkeit in der Ideologie, die Souveränität in der Politik, die Selbstständigkeit in der Wirtschaft und der Aufbau einer starken Verteidigungsmacht zum Schutze des Landes. Damit soll die Souveränität in den Bereichen Ideologie, Politik, Wirtschaft und der Landesverteidigung erreicht und gewahrt bleiben.

Auf kollektiver Ebene verwirklichen die Volksmassen im Verlauf der Geschichte die Souveränität. **Die Volksmassen sind das Subjekt der Geschichte** und die treibende Kraft der gesellschaftlichen Entwicklung. Im Unterschied zum Marxismus ist nicht die Arbeiterklasse das Subjekt der Geschichte, sondern **alle Gesellschaftsschichten, die ein Interesse an der**

Durchsetzung der Souveränität haben, was am Begriff der Volksmassen deutlich wird. **Allerdings vollzieht sich eine Revolution nach der *Juche*-Philosophie keineswegs automatisch, eine deterministische Geschichtsauffassung wird abgelehnt.** Die *Juche*-Ideologie lehnt die Übertragung von Naturgesetzen auf die Gesellschaft ab. Es gebe zwar Gesetzmäßigkeiten in der Gesellschaft, wobei jedoch die Wirkung der Gesetze in der Gesellschaft von denen in der Natur in einem Punkte unterschiedlich wären. Während sie in der Gesellschaft durch die souveräne, schöpferische und bewusste Tätigkeit des Menschen zum Ausdruck kämen, wirkten sie in der Natur spontan und unabhängig von der Tätigkeit des Menschen. Die gesellschaftliche Entwicklung hängt demnach von der Entwicklung des *Dschadschusong*, des Schöpfertums und des Bewusstseins ab. Je höher der Wille zur Souveränität bei den Menschen entwickelt ist, desto mehr nehmen die gesellschaftlichen Gesetze - wie die Naturgesetze - einen objektiven Charakter an, da dann bei entsprechenden ökonomischen Bedingungen ein Handeln fast zwangsläufig erfolgen *muss*.

Die Geschichte wird nicht wie im Marxismus als Geschichte von Klassenkämpfen definiert, sondern als Geschichte des Kampfes der Volksmassen um die Durchsetzung der Souveränität. Die Klassenauseinandersetzungen in einer Epoche - wie der Kampf der Arbeiterklasse - dienen aber dennoch letztlich der Durchsetzung der Souveränität.

Die *Juche*-Philosophie geht zwar davon aus, dass das „gesellschaftliche Sein" zunächst das Bewusstsein bestimmt, ansonsten spielt der Historische Materialismus für die *Juche*-Ideologie aber kaum eine Rolle. Die Produktivkräfte sind nicht – wie bei Marx - die treibenden Kräfte. Statt dessen wird aufgrund der großen Bedeutung des Menschenbilds dem „Überbau", um in der Sprache des Marxschen „Basis-Überbau-Theorems" zu bleiben, der entscheidende Einfluss zugestanden, was hier an Max Webers idealtypische Protestantismus-Kapitalismus-These im Sinne einer Umkehrung des Marxschen Basis-Überbau-Theorems denken lässt. **Entscheidend ist nach der *Juche*-Philosophie der ideologische Faktor. Die *Juche*-Ideologie will eine neue, anthropozentrische Weltanschauung sein.**

Zunächst muss der Mensch im Kampf zur Durchsetzung seiner Souveränität die Abhängigkeit von der Natur überwinden. Die Natur muss umgestalten werden, um materielle Reichtümer zu erwerben. Dazu muss der Mensch die Produktivkräfte immer weiter entwickeln. Nach der Überwindung der Abhängigkeit von der Natur muss die gesellschaftspolitische Abhängigkeit (von Ausbeutern) beseitigt werden, denn solange die Volksmassen sozial abhängig sind, können sie die Ergebnisse hoch entwickelter Produktivkräfte nicht genießen. Deshalb gibt es soziale Revolutionen, die der Verwirklichung der Souveränität der Volksmassen dienen. Als historische Gesellschaftsformationen werden in der *Juche*-Philosophie die Sklavenhaltergesellschaft, der Feudalismus, der Kapitalismus und der Sozialismus erwähnt. Die letzte Hürde, die die Volksmassen zur Verwirklichung ihrer Souveränität zu verwirklichen haben, ist die Überwindung des Kapitalismus, womit sowohl die Klassengesellschaft als auch die Unterdrückung der nationalen Souveränität überwunden werden kann.

Eine besondere Rolle spielt in der *Juche*-Ideologie der „Führer". Die Volksmassen sind zwar die treibende Kraft der Entwicklung, um sich durchzusetzen, benötigen sie jedoch die Partei als Generalstab und den Führer im Zentrum als „Gehirn" der Revolution. Ohne kluge Führung bzw. ein einheitliches Kommando können sie demnach ihre Rolle als Subjekt der Geschichte nicht wahrnehmen. Das *Dschadschusong* will geweckt und in die richtige Richtung gelenkt sein. Der Führer wird somit zu einem notwendigen Element der Geschichte. Nur unter der klugen Lenkung der Partei und des Führers können die Arbeiterklasse, die Volksmassen den harten und komplizierten revolutionären Kampf um die Umgestaltung der Natur und Gesellschaft tatkräftig entfalten. Der Mensch ist in der *Juche*-Philosophie sowohl ein biologischer Organismus, als auch ein sozialpolitischer Organismus. Da der sozialpolitische Organismus aus vielen Menschen besteht, benötigt er ein Zentrum, das das einheitliche Kommando über die Aktivitäten der Gesellschaft ausübt.

Die Souveränität der Volksmassen kann nach der *Juche*-Philosophie nur im Sozialismus verwirklicht werden. Dabei muss es sich jedoch um einen Sozialismus handeln, der nicht einfach von einem anderen Land, das eine ganz andere Entwicklung und andere Bedingungen aufweist, kopiert wird, sondern er muss die spezifischen Bedingungen des jeweiligen Landes berücksichtigen. Gerade die Vernachlässigung dieses Prinzips wird für das Ende des Realsozialismus in Osteuropa verantwortlich gemacht. Statt die führende Rolle der Partei aufzugeben, wie dies in Osteuropa geschehen sei, müsse die Partei stattdessen ihre Führungsrolle unablässig festigen und verstärken. Deshalb sei es auch falsch, „Reformen" durchzuführen. Es wird befürchtet, dass „der Feind" die durch die „Reformen" entstandenen „neuen Freiheiten" ausnutzen würde, um nun auch im Inneren des Landes seine Wühlarbeit zu beginnen, um die Abschaffung der Souveränität aus dem Inneren des Landes bewerkstelligen zu können. Stattdessen müsse die revolutionäre Erziehung der Partei und der Volksmassen an erster Stelle stehen. Ein besonderes Problem für die Bewahrung der Souveränität stellt das Ableben des Führers bzw. die Nachfolgefrage dar. Die Gefahr eines Machtvakuums in der Übergangszeit könnte diejenigen, die die Souveränität bedrohen, dazu ermuntern, durch innen- und außenpolitischen Druck „Reformen" einzufordern, die letztlich in eine Abhängigkeit oder Unterwerfung führen würden. Auch die Erfahrungen mit der Sowjetunion, als (mit Gorbatschow) ein neuer Staats- und Parteichef Mitte der 80er Jahre mit seiner Reformpolitik letztlich den Zusammenbruch der Sowjetunion verursachte, wirkt nach. In der Befürchtung des Auftretens eines „nordkoreanischen Gorbatschow" oder eines Machtvakuums erscheint die Wahrung der Stabilität und Kontinuität dadurch am besten gewährleistet, Kim Il Sung zum ewigen Präsidenten und Kim Jong Il zum ewigen Generalsekretär zu ernennen und ihr Denken als „Kimilsungismus-Kimjongilismus" festzuschreiben.

Nach dem Selbstverständnis der *Juche*-Ideologie wurde in der DVRK der Sozialismus in nationalem Rahmen aufgebaut, man wartete nicht auf die Weltrevolution. Souveräne sozialistische Staaten sollen einen gerechten Handel zum gegenseitigen Nutzen und Vorteil führen. Gegenüber imperialistischen Staaten müsse die Souveränität verteidigt werden. Um nicht dem Druck einer Großmacht ausgesetzt zu sein, muss die Volkswirtschaft eine weitgehende Autarkie verwirklichen. Weiterhin ist der Aufbau einer starken Verteidigungsmacht erforderlich. Die *Songun*-Politik, die das Militär ins Zentrum aller Anstrengungen rückt, ist letztlich eine logische Konsequenz der *Juche*-Ideologie. Mitte der 90er Jahre des 20. Jahrhunderts legte sie Kim Jong Il als den Hauptpolitikstil des Sozialismus fest. Die *Songun*-Politik besagt, dass nun nicht mehr die Arbeiterklasse, sondern die Armee die Hauptkraft beim Aufbau des Sozialismus ist. Dies ist jedoch keine allgemeine Regel, die für alle Länder zu allen Zeiten gültig ist. Die Frage nach der Hauptformation der Revolution hängt von den jeweiligen Verhältnissen bzw. Bedingungen in einer konkreten Zeit und in einem Land ab. Für die DVRK wurde die Situation nach dem Zusammenbruch des Ostblocks analysiert und man kam zu dem Ergebnis, dass in dieser Situation das Militär ins Zentrum der Aufmerksamkeit rücken müsse. Die Armee müsse sogar in der Lage sein, aus ihren Reihen eine neue revolutionäre Partei zu bilden, falls die PdAK im Kampf gegen die Konterrevolution versagen würde.

Nach dem Abschluss der Untersuchungen kann die *Juche*-Ideologie wie folgt definiert werden:

Die *Juche*-Ideologie betrachtet den Marxismus-Leninismus als die vorangegangene Lehre vom Sozialismus einer vergangenen Epoche und sie sieht sich selbst als die anthropozentrische revolutionäre Lehre unseres Zeitalters. Den Kampf für den Sozialismus verbindet sie auf das Engste mit dem Kampf um nationale Souveränität.